Marlene Lufen
Die im Dunkeln sieht man nicht

W0176414

MARLENE LUFEN

DIE IM DUNKELN SIEHT MAN NICHT

Warum missbrauchte Frauen schweigen

Lübbe

Dieser Titel ist auch als Hörbuch und E-Book erschienen

Originalausgabe

Copyright © 2018 by Bastei Lübbe AG, Köln

Lektorat: Angela Kuepper
Umschlaggestaltung: ZERO Werbeagentur, München
unter Verwendung eines Motivs von © Tomas Rodriguez, Köln
Satz: hanseatenSatz-bremen, Bremen
Druck und Verarbeitung: Druckerei C. H. Beck, Nördlingen

Printed in Germany
ISBN 978-3-7857-2618-1

5   4   3   2   1

Sie finden uns im Internet unter: www.luebbe.de
Bitte beachten Sie auch: www.lesejury.de

Ein verlagsneues Buch kostet in Deutschland und Österreich jeweils
überall dasselbe.
Damit die kulturelle Vielfalt erhalten und für die Leser bezahlbar
bleibt, gibt es die gesetzliche Buchpreisbindung. Ob im Internet, in
der Großbuchhandlung, beim lokalen Buchhändler, im Dorf oder in
der Großstadt – überall bekommen Sie Ihre verlagsneuen Bücher zum
selben Preis.

Meinen Eltern, deren bedingungslose Liebe mich stark gemacht hat für das Leben. Und allen anderen Müttern und Vätern, die das ebenso tun.

Inhalt

Vorwort

Ich sitze mit meinen Schulfreundinnen am Küchentisch meiner ersten eigenen Wohnung in Berlin-Steglitz. Es ist das Jahr 1994, unser Abi liegt schon eine Weile zurück. Danach waren wir in alle Winde verstreut: London, Neuseeland, Berlin-Kreuzberg, Ausbildung, Au-pair, Studium. Nun treffen wir uns endlich mal wieder, tauschen uns aus über alles, was im Leben eben so passiert. Wir trinken Wein, genießen eine Vertrautheit, die man vielleicht nur entwickelt, wenn man gemeinsam erwachsen geworden ist. Die Gespräche sind ausgelassen, lustig, immer ehrlicher, plötzlich sehr ernst. Meine Freundin Sabine erzählt uns, wie der Freund ihrer Mutter sie jahrelang befummelt hat. Wir wussten eigentlich schon davon, sie hatte es damals mit fünfzehn einmal angedeutet. Ich erzähle von einem Erlebnis bei einem Fotoshooting. Der Fotograf, selbst noch Student, stürzte sich am Ende der Aufnahmen auf mich, packte mich und zerrte mich aufs Bett. Er war grob, seine Hände und Knie fixierten mich, sein Gesicht sah aus wie von einem Monster. Jahrelang habe ich nicht mehr darüber nachgedacht, viel zu peinlich war das alles. Ich empfand Scham, weil ich das Gefühl hatte, mitschuldig zu sein. Wie sonst hätte so etwas passieren können? Irgendwann später allerdings wächst in mir das Bewusstsein, dass nicht ich falsch gehandelt habe, sondern allein dieser Mann.

Dann meldet sich meine Freundin Ellie zu Wort. Sie trinkt noch einen großen Schluck Rotwein und erzählt uns eine Geschichte, an deren Ende wir alle in Tränen aufgelöst sind. Kurz nach dem Abitur war sie in einen sehr süßen jungen Mann verknallt. Wir kannten ihn von Fotos, ziemlich gutaussehend, sportlich. Sie war schon immer schüchtern, schminkt sich noch heute fast nie und war in Sachen Jungs eher ein Spätstarter. Zu dem Zeitpunkt, als sie sich so unglaublich in ihn verliebte, hatte sie auf jeden Fall noch nie mit einem Jungen geschlafen.

Sie erzählt uns, wie sie sich mit ihm verabredete. Zuerst im Café, dann ein gemeinsamer Spaziergang, alles sehr romantisch. Ein paar Tage später waren sie zum ersten Mal in ihrer Wohnung, die gleich bei mir um die Ecke liegt. Bei Kerzenschein haben sie ein bisschen gequatscht.

Dann hat er sie vergewaltigt.

Meine Freundin Ellie war noch nicht so weit. Er konnte das nicht verstehen. Sie wollte nur ein bisschen zärtlich sein, er hatte sich nicht mehr unter Kontrolle. Und so endete dieser zarte Flirt mit dem Brutalsten, was man sich als junge Frau vorstellen kann. Es war so brutal, dass sie noch Wochen Schmerzen hatte. Sie hatte das Gefühl, mit niemandem darüber reden zu können, nicht mal mit uns, ihren besten Freundinnen. Auch bei ihr war die Scham groß, das Gefühl, sich selbst in diese Situation gebracht zu haben.

Jahre später sind wir nun die Ersten, die sie endlich einweiht. Wir sitzen da und können nicht glauben, was unsere Freundin durchgemacht hat, ohne dass wir etwas davon geahnt haben. Ihrem späteren Mann erzählt sie auch davon, er kann mit der Situation umgehen und sie behutsam überzeugen, dass andere Männer anders sind als dieser. Ihre Eltern hat Ellie bis heute nicht eingeweiht. Zu groß ist die Sorge, dass es ihnen Kummer bereitet ...

Als ich mit den Recherchen zu diesem Buch begann, war vom Harvey-Weinstein-Skandal und der #MeToo-Debatte noch keine Rede, und es gab noch keinen Talkshow-Tsunami in Deutschland rund um das Thema »Sexismus« und »Sexuelle Gewalt gegen Frauen«. Bis dahin hatte sich kaum eine prominente Person jemals öffentlich geäußert oder gar an die Seite eines Vergewaltigungsopfers gestellt. Die Reaktionen waren zu diesem Zeitpunkt vorhersehbar und allesamt negativ: Wer es wagte, sich öffentlich an die Seite eines Opfers zu stellen, »vorverurteilte« den Täter und war verblendet, nicht objektiv und wahrscheinlich eine Emanze. Dass damit das Opfer aber stets als mögliche Lügnerin diffamiert wurde, nahm man in Kauf. Das war der Stand im Sommer 2016. Es war der Sommer, in dem Gina-Lisa Lohfink zwei Männern Vergewaltigung vorwirft, mit denen sie zuvor gefeiert hatte. Und wenn Gina-Lisa feiert, dann fließt Wodka, dann trägt sie nicht viel Kleidung am Körper und macht Männern mit voller Absicht heiße Gedanken.

Ihre Geschichte ist ein komplexer Fall, und die allgemeine Meinung lautet, dass er nicht geeignet sei, die Rechte der Frauen einzufordern. Denn Gina-Lisa ist nicht das, was man als Role Model der emanzipierten Frau bezeichnen würde. Und doch oder gerade deswegen empfinde ich die mediale Berichterstattung als unfair. Beim Thema Sexualstraftaten scheint das Bild in den Medien sehr wenig der Realität zu entsprechen. Bei jedem öffentlich werdenden Fall von Vergewaltigung wird stets eine Fifty-fifty-Chance unterstellt, dass das vermeintliche Opfer sich alles ausgedacht haben könnte. Warum nur kenne ich dann in meinem eigenen Umfeld keinen einzigen Mann, dem eine Falschbeschuldigung passiert ist, während gefühlt jede zweite Frau schon einmal sexuell bedrängt, genötigt oder sogar vergewaltigt wurde? Ist vielleicht etwas falsch an dieser Berichterstattung?

Heute kennen wir die Antwort: Jede siebte Frau erlebt mindestens einmal im Leben schwere sexuelle Gewalt. Und für einen Mann ist die Wahrscheinlichkeit erheblich größer, selbst Opfer sexueller Gewalt zu werden, als jemals fälschlich einer Vergewaltigung bezichtigt zu werden.

Am 23. August 2016 entscheide ich mich mit pochendem Herzen, mein Erlebnis beim Fotoshooting von damals auf Facebook öffentlich zu machen. Ich war zum Zeitpunkt des Vorfalls neunzehn Jahre alt, und es lag außerhalb meiner Vorstellung, dass ein charmanter, gutaussehender Mann wie dieser Fotograf plötzlich zur Bedrohung werden könnte. Es gelang mir damals, mich zu befreien und wegzurennen. Ich fuhr direkt zu meinen Eltern und erzählte ihnen die ganze Geschichte. Weder meinen Eltern noch mir kam es in den Sinn, zur Polizei zu gehen und den Mann anzuzeigen.

Jahrelang habe ich mich gefragt, warum ich diesen Schritt nicht mal in Erwägung zog. Offenbar ist es die natürliche Reaktion auf einen solchen Übergriff, erst einmal nichts zu tun. Wenn Anwälte und Journalisten als Argument gegen die Glaubwürdigkeit der Frau immer wieder anführen, sie hätte den Täter direkt anzeigen oder wenigstens beim Arzt Beweise sichern können, zeugt das von großer Unwissenheit. Der erste Gedanke nach einer solchen Tat – das haben unzählige Gespräche mit vergewaltigten Frauen gezeigt – gilt dem Bedürfnis nach Schutz und Geborgenheit. Die Frauen wollen duschen, den

Schmutz abwaschen, und dann nur noch Ruhe, sich ins Bett verkriechen, den Schmerz ertragen und schnell verdrängen. Sie empfinden Ekel und Scham. Einem Fremden das Erlebte kurz darauf detailliert zu beschreiben ist für die meisten Opfer das Allerletzte, was sie sich vorstellen können.

Deswegen schreibe ich meine Geschichte auf Facebook. Was dann passiert, überwältigt und überfordert mich schnell. Mein Post wird hundertfach geteilt und kommentiert. Frauen schreiben direkt unter meinen Post über ihre Storys oder deuten an, dass auch ihnen Schlimmes widerfahren sei. Ich erhalte unglaublich viele E-Mails, persönliche Nachrichten, erfahre von rund fünfhundert Schicksalen. Manche Frauen tragen das schreckliche Geheimnis seit ihrer Kindheit mit sich herum, ohne jemals mit irgendjemandem darüber gesprochen zu haben. Andere erleben während ihrer Ehe ein Martyrium, das noch immer anhält. In der Anonymität der elektronischen Kommunikation offenbaren sich Opfer plötzlich mir gegenüber, manche nur in einem Satz, manche in seitenlangen E-Mails. Unter ihnen sind auch einige Männer. Unter ihnen sind Freunde und Kollegen. Viele schreiben davon, dass ihnen ein hohes Maß an Ablehnung entgegengebracht werde, wenn sie davon erzählten. Deswegen schweigen die meisten und machen dieses furchtbare Kapitel ihres Lebens mit sich allein aus. Ich kann das alles gar nicht fassen. Boulevardmagazine wollen Statements von mir und Stellungnahmen zum Fall Gina-Lisa. Vereinzelt wird mir sogar vorgeworfen, ich würde diese alte Geschichte nur hervorholen, um mich wichtigzumachen. Ein klassisches Totschlag-Argument, das immer zieht und Frauen verunsichern soll.

Ich widerstehe dem Wunsch, alles zu löschen, um wieder meine Ruhe zu haben. Stattdessen mache ich etwas ganz anderes: Ich beginne, die Frauen zu kontaktieren, die mir ihre Geschichte erzählen wollen. Und so entsteht dieses Buch.

Auf den folgenden Seiten kommen – stellvertretend für unzählige andere – Frauen zu Wort, deren Leben sonst im Verborgenen stattfindet. Frauen, die ihr Schicksal tragen und versuchen, ein normales Leben zu führen. Einigen gelingt es, vielen gelingt es nicht.

Gemeinsam wollen wir zeigen, in welchen Lebensbereichen Frauen besonders gefährdet und welche Muster erkennbar sind – im Verhalten der Täter, aber auch in den seelischen und körperlichen Auswirkungen auf die Opfer. Wir zeigen, was bei einer Anzeige bei der Polizei passiert, wie eine Gerichtsverhandlung bei Sexualstraftaten verläuft und welche Unterstützung es für die Opfer gibt, welche Therapien gegen das schwere Trauma helfen und wie sich Betroffene selbst helfen können.

Doch zuallererst wollen wir den Menschen klarmachen, dass dieses Problem für Frauen existiert und dass es ein sehr viel größeres ist, als bisher in der Öffentlichkeit dargestellt wurde. Es ist kein Randproblem, es betrifft Frauen aus allen Schichten und Kulturen. Wenn Sie dieses Buch in der U-Bahn lesen oder im Wartezimmer einer Praxis, dann ist die Wahrscheinlichkeit groß, dass mindestens eine betroffene Frau mit Ihnen im Raum sitzt.

Wenn wir wollen, dass sich an dieser Situation etwas verbessert und die Gefahr, Opfer sexueller Gewalt zu werden, für Kinder und Frauen sinkt, müssen wir Vorurteile abbauen und die Realität aushalten. Das automatische Verunglimpfen der Frauen, so wie es bisher unzählige

Male in der Öffentlichkeit stattgefunden hat, muss ein Ende haben. Selbst wenn einige der Fakten und Geschichten schwer zu ertragen sind, sollten wir sie kennen, wenn wir das nächste Mal über das Thema sexuelle Gewalt diskutieren.

Ich wünsche Ihnen starke Nerven beim Lesen, und den vielen Frauen, die sich mir geöffnet haben, danke ich von Herzen.

Ihre *Marlene Lufen*

Im Frühjahr 2018

#MeToo und was sich damit verändert hat

»Mit diesem Dreck geht man nicht hausieren.«

Esther Gemsch, Schauspielerin und mutmaßliches Opfer von
Regisseur Dieter Wedel

Während der Arbeit an diesem Buch platzt im Herbst 2017 die Harvey-Weinstein-Bombe. In Hollywood werfen erst drei, dann immer mehr Schauspielerinnen dem Regisseur sexuelle Nötigung bis hin zu Vergewaltigung vor. Ein nie da gewesener Skandal kommt an die Oberfläche und bringt das Thema sexuelle Gewalt gegen Frauen am Arbeitsplatz ins Bewusstsein einer aufgewühlten Gesellschaft. Es beherrscht Gespräche unter Freunden und Kollegen, Talkshows und alle, wirklich alle Nachrichtenmagazine. Hollywood, weit weg und doch so nah. Denn was Gwyneth, Angelina und Uma mit dem feisten Filmproduzenten erlebt haben, das kennen auch Sabine, Stefanie und Hildegard. Und genauso wie die berühmten Schauspielerinnen haben auch hierzulande Frauen jahrelang entschieden, lieber über das Erlebte zu schweigen.

Unvorstellbar zunächst das Ausmaß der Anschuldigungen, doch irgendwann kann auch der letzte Zweifler nicht mehr ignorieren, was hinter vorgehaltener Hand offenbar sehr vielen Menschen bekannt war. Plötzlich wird überall auf der Welt über Sexismus diskutiert und über die Drohgebärden durch Vorgesetzte, denen Frauen im Beruf ausgesetzt sind. Nach Jahrzehnten des stillen Hinnehmens beginnt eine Wahrnehmung und Solidarisierungswelle, deren Fehlen ursprünglich der Anlass für dieses Buch gewesen ist. Bei Twitter und Facebook schreiben Frauen ihre Erlebnisse auf und nutzen den Hashtag #MeToo. Zu den Golden Globes erscheinen fast alle Frauen in Schwarz, Oprah Winfrey hält eine flammende Rede und gilt kurze Zeit als einzig würdige nächste US-Präsidentin. Wir alle diskutieren mit Freunden, Kollegen, mit Männern und Frauen. Wir fragen unsere Mütter und unsere Töchter. Es bewegt sich etwas in unserer Gesellschaft, auch an meinem Arbeitsplatz. Zu einer der Konferenzen des Frühstücksfernsehens bringt unser Chef, nach Wochen leidenschaftlichen und oft kontroversen Diskutierens, eines Morgens eine weiße Rose mit in den Raum. Er stellt sie auf den Tisch und verkündet das Ende der alten Verhaltensmuster und den Beginn einer neuen Zeit, in der sexistische Sprüche und Witze über Frauen nicht mehr geduldet werden. Eine Kollegin bricht am Ende in Tränen aus und sagt, sie habe nicht geglaubt, dass sie das in ihrem Berufsleben noch erleben werde. Dies sei ein historischer Tag! Viele Kollegen sind ähnlich ergriffen.

Zu Beginn meiner Recherchen bin ich der Frage nachgegangen, warum Frauen sich zu einem überwältigend großen Teil entscheiden zu schweigen, wenn ihnen sexuelle Nötigung oder gar Vergewaltigungen passieren. Warum zeigen 95 Prozent der Opfer eine so schreckliche Tat nicht bei der Polizei an? Warum spricht die Hälfte der Betroffenen sogar im privaten Kreis mit niemandem über das

Erlebte? Warum ist es offenbar der selbstverständliche Reflex einer Frau, darüber lieber zu schweigen, als offenzulegen, was ihnen passiert ist?

Die Antwort auf diese Frage liefert schon kurze Zeit später der Skandal um den Regisseur Dieter Wedel. Vier Schauspielerinnen berichten nach vielen Jahren des Schweigens über brutalsten Missbrauch, Schikane und Vergewaltigung durch den deutschen Filmemacher. Er soll auf sadistische Art seine Machtposition als erfolgreicher Regisseur ausgenutzt haben und Schauspielerinnen während der Dreharbeiten bedrängt, geschlagen, bespuckt und vergewaltigt haben. Nach Recherchen der Zeitung »Die Zeit« wurden während der Dreharbeiten zum Film »Bretter, die die Welt bedeuten« in den Achtzigerjahren zwei Frauen so schwer verletzt, dass eine die Arbeiten abbrechen musste, eine andere als Folge der Misshandlungen ihr ungeborenes Kind verlor. Sowohl die Produktionsfirma als auch Verantwortliche des öffentlich-rechtlichen Senders, des Saarländischen Rundfunks, wussten von den Vorkommnissen! Es gibt medizinische Gutachten und Atteste, aus internen Unterlagen des SR geht hervor, dass man sich in einem Schriftverkehr darüber austauschte, wie man mit der Situation umgehen solle. Alle Beteiligten kannten zu diesem Zeitpunkt die Machenschaften des Regisseurs und die dramatischen Auswirkungen auf die Gesundheit der Frauen sowie den damit verbundenen finanziellen Schaden für die Produktion. Am Ende stand die Entscheidung fest, wie man weiter verfahren sollte: Man unternahm nichts.

Man ließ die Schauspielerinnen allein in ihrer Situation, sowohl die Gesundheit als auch die Karriere von beiden hat großen Schaden genommen. Dennoch haben weder

der Sender noch die Filmfirma ihre Verantwortung wahrgenommen und die Frauen geschützt oder im Nachhinein juristisch unterstützt. Man wollte es sich mit dem erfolgreichen Genie nicht verscherzen und auch in Zukunft gute Einschaltquoten mit ihm erzielen.

Dieser Vorgang liefert die Blaupause für die Antwort auf die Frage, warum so viele Frauen über Jahrzehnte geschwiegen haben. Selbst wenn du Zeugen hast, selbst wenn dir andere glauben, am Ende bist du die Schwächere und deinen Job los. »Jemand, der als illoyal gilt, wird nicht mehr besetzt«, sagte eine andere Schauspielerin, die Dieter Wedel ausgesetzt war. Und was in der Filmbranche gilt, trifft auch auf andere Arbeitsbereiche zu. Diese Frauen so wie Millionen andere haben geschwiegen, weil sie wussten, dass sie sich selbst mit dem Vorwurf das Leben zur Hölle machen würden. Also versuchten sie, einen Haken dran zu machen und zu vergessen. Das ist oft die einzige Entscheidung, die Betroffene selbst fällen können, und eine Form der Selbstbestimmung.

Die Frage, die bleibt: Warum jetzt? Warum sprechen jetzt so viele das aus, was offenbar seit Jahren Praxis in der Arbeitswelt ist? Ist das nicht auch feige, so lange zu schweigen? Und springen jetzt womöglich Frauen auf den Zug auf, die sich einfach nur wichtigmachen wollen? Mag sein, dass das vereinzelt vorkommt. Aber die Vergangenheit zeigt, dass erst eine ungeheure Zahl an Betroffenen den Aussagen Glaubwürdigkeit verschafft. Weit über dreißig Frauen gegen Harvey Weinstein und vier Frauen und zig weitere, deren Namen Redaktionen zum Schutz unter Verschluss halten, gegen Dieter Wedel. Der singuläre Vorwurf einer einzelnen Person hatte nämlich bis jetzt meist nur eine einzige Konsequenz: das Ende der Karriere des Opfers.

Die Diskussion und das Öffentlichwerden der furchtbaren Zustände, der viele Frauen schutzlos ausgesetzt sind, sind wichtig und haben unsere Gesellschaft schon jetzt vorangebracht. Doch noch immer fühlt sich eine unglaublich große Zahl an Frauen allein gelassen mit ihrem Schicksal. Sie sind Gewalt ausgesetzt und befürchten doch, dass niemand ihnen hilft. Sie haben Schlimmstes durchgemacht und werden als Lügnerin dargestellt, wenn sie es aussprechen. Wir brauchen nun Solidarität gegenüber Nachbarinnen und Freundinnen, Müttern, Großmüttern, Töchtern, Kolleginnen.

Wir müssen weiter darüber sprechen. Denn Veränderung beginnt mit Hinhören!

Wenn der Partner zum Täter wird

»Man kann im Alltag besser leben, wenn man es wegschiebt.«

Monika Schröttle,
Professorin für Frauenforschung, TU Dortmund

Die große Mehrzahl der Vergewaltigungen findet innerhalb von Paarbeziehungen statt, in der Ehe, durch den Exfreund oder während eines Dates. Sie findet dort statt, wo man sich sicher fühlen müsste, und das macht diese Taten besonders bedrohlich. Denn von wem soll man Schutz bekommen und wem soll man sich anvertrauen, wenn der eigene Partner der Täter ist?

Zahlreiche Frauen fürchten, Freunde und Familienangehörige würden es nicht verstehen und vielleicht nicht einmal glauben, wenn sie darüber berichteten. Denn nach außen wirken sehr viele dieser Beziehungen normal und vertraut. Oft ist es eine schleichende Entwicklung, in der eine Beziehung, die einmal liebevoll und leidenschaftlich begonnen hat, im Laufe der Zeit gewaltvoll wird. Manche Frauen erzählen, dass sie sehr verliebt waren am Anfang und selbst dann, als die sexuelle Gewalt schon stattfand, immer noch gehofft haben, dass sie wieder aufhören und die Liebe siegen würde. Andere Frauen erleben über ihre gesamte Ehe hinweg Sex fast immer in Verbindung mit Gewalt.

Wie im Vorwort bereits erwähnt, schweigen sehr viele

23

betroffene Frauen darüber. Ich habe Post bekommen von Frauen, die über das, was in ihrer Ehe geschieht, bis dahin mit niemandem je geredet haben. Sie schrieben es auf, weil ihnen guttat, sich zu entlasten – aber sie würden nie offen darüber sprechen. Neben der Scham sowie der Angst vor der Rache des Partners und den Folgen einer Trennung ist auch das Bedürfnis, das eigene Leben nicht schäbig darzustellen, mit ein Grund für das Schweigen. »Man kann im Alltag besser leben, wenn man es wegschiebt.« Und: »Was hilft es mir, wenn ich es allen erzähle? Das, was ich erlebt habe, kann eh keiner wiedergutmachen. Also rede ich nicht darüber. Dann denke ich auch nicht so viel daran.«

Sexuelle Übergriffe bis hin zur Vergewaltigung können in jedem Stadium der Partnerschaft stattfinden, ob beim Kennenlernen, wie im Fall meiner Freundin Ellie, bis hin zur Trennung, wie bei Sarah, die mir ihre Geschichte erzählt hat (siehe unten).

Für sexuelle Gewalt, die während einer Verabredung passiert, also in einer Phase, in der sich zwei Menschen gerade näherkommen, gibt es im Englischen den Begriff »date rape«. Bereits hier ist die Hemmschwelle sehr hoch, eine solche Tat jemandem zu erzählen. Denn immer steht die Frage im Raum: Warum hast du ihn überhaupt an dich herangelassen? Oder: Ihr habt doch zusammen Wein getrunken. Wie soll er da denn wissen, dass du keinen Sex willst? Es sind absurde Fragen, und doch werden sie genau so von anderen gestellt. Als wäre es nicht völlig normal, sich zu verabreden, zu flirten, sich näherzukommen und trotzdem NICHT miteinander zu schlafen, weil es sich noch nicht richtig anfühlt. Was man für sich als selbstverständlich erachten würde, wird Opfern von »date rape« zum Vorwurf gemacht – nicht selten sogar vor Gericht. Diesen Vorwurf machen sich die Opfer noch dazu oft genug selbst.

Von den vielen Tausend Schicksalen, die sich tagtäglich hinter verschlossenen Türen abspielen, werden im Folgenden zwei erzählt.

Sarah, 20 Jahre alt, vergewaltigt von ihrem Freund

Sarah wird im November 2010 von ihrem damaligen Partner vergewaltigt. Von Anfang an ist er extrem eifersüchtig, seine Leidenschaft verändert sich sehr schnell zum Kontrollwahn. Er kontrolliert sie ununterbrochen. Sind sie unterwegs, zu Freunden oder zum Shoppen, darf sie nur geradeaus gucken. So will er verhindern, dass sie einen anderen Mann zu lange anblickt. Er durchsucht ihr Handy nach männlichen Kontakten und löscht die Telefonnummern von Arbeitskollegen, sogar die ihres Bruders. Es sind Vorfälle, die ihr irgendwann zu weit gehen – Sarah trennt sich von diesem Mann. Er jedoch kann das nicht akzeptieren. Immer wieder sucht er sie auf, fängt sie vor ihrer Wohnungstür ab, stalkt sie regelrecht. Einmal tritt er in seiner unkontrollierten Wut sogar die Tür ein, weil sie auf sein Klingeln und Klopfen hin nicht öffnet, er aber genau weiß, dass sie zu Hause ist.

Sarah flüchtet zu einer Freundin, versteckt sich dort und informiert die Polizei. Die Beamten erteilen ihrem Exfreund einen sogenannten Platzverweis und durchsuchen ihn und seine Unterkunft, um sicherzustellen, dass er keinen Schlüssel mehr von Sarahs Wohnung hat. Was sie jedoch nicht wissen: Er hat einen Zweitschlüssel versteckt, die Beamten haben ihn nur nicht gefunden.

Als die Polizisten Sarah erklären, sie könne wieder ruhigen Gewissens nach Hause fahren, ihr Exfreund hätte keinen Schlüssel zu ihrer Wohnung, man habe alles durchsucht, folgt sie dem Rat. Sie schaut vorsichtshalber in alle Räume, spürt eine innere Unruhe, entdeckt aber nichts Ungewöhnliches. Sie ruft ihre Freundin an, bei der sie Zuflucht fand, und erklärt ihr, sie müsse sich keine Sorgen machen, alles sei in Ordnung. Nachdem sie das Gespräch beendet hat, geht sie ins Badezimmer, um sich abzuschminken. Sie will nur noch ins Bett und schlafen. Sie wäscht sich das Gesicht. Als sie nach oben in den Spiegel blickt, sieht sie, wie er hinter ihr steht. Es ist wie die Szene in einem Horrorfilm, und genauso fühlt es sich für Sarah an und wird sich in ihre Erinnerung einbrennen. Sie weiß in dem Moment, dass nun Schlimmes passieren wird.

Es werden die furchtbarsten Stunden ihres Lebens. Ihr Exfreund vergewaltigt sie nicht sofort. Vier, fünf Stunden lang schlägt er auf sie ein, greift sie mit Worten an, macht sie zunächst mit seinen Beleidigungen fertig. Sie hat überall am Körper blaue Flecken, ein blaues Auge, unzählige Schürfwunden, büschelweise herausgerissene Haare. Schließlich sagt er: »Ich will jetzt mit dir schlafen.« Sarah bittet ihn, das nicht zu tun, fleht ihn an. Er geht über ihr Nein hinweg, wird noch einmal äußerst brutal. Sie merkt, dass sie es nicht mehr schafft, sich gegen ihn aufzulehnen. Sie denkt: Wenn ich mich noch weiter wehre, dann überlebe ich das vielleicht nicht. Sarah hat zu diesem Zeitpunkt Todesangst.

Nach der Vergewaltigung verlässt der Mann ihre Wohnung, sperrt Sarah ein, nimmt ihren Schlüssel und ihr

Handy mit. Einen Festnetzanschluss besitzt sie nicht, den hat sie vor einiger Zeit gekündigt. Stundenlang liegt sie gekrümmt auf ihrem Bett, überlegt, wie sie Hilfe holen könnte. Sie schreit, aber ihre Rufe sind zu leise. Keiner im Haus hört sie oder will sie hören, jedenfalls klingelt niemand an ihrer Tür und bietet Hilfe an.

Schließlich kommt der Täter wieder und gibt ihr das Handy und den Schlüssel zurück. Was hat ihn dazu bewogen, fragt sie sich. Schon bald wird ihr klar, was er damit bezwecken will. Er versucht sie zu beschwichtigen, ihr klarzumachen, alles sei doch gar nicht so schlimm gewesen, sie müsse keineswegs zur Polizei gehen. Sie reagiert nicht, kein Laut kommt über ihre Lippen. In diesem Moment verachtet sie ihn nur; ein großer Hass tobt in ihr gegen diesen Mann. Als sie wieder allein ist, ruft sie die Polizei. Die Beamten kommen und nehmen ihre Anzeige auf, dokumentieren das Ausmaß der Verletzungen und leiten sofort eine Ermittlung ein. Die Aussage bei der Polizei und auch die Untersuchung bei der Frauenärztin sind für Sarah kaum zu ertragen, doch nur so kann sie sich von diesem Täter endlich losreißen, das weiß sie.

Vor Gericht gesteht Sarahs Exfreund die Tat. Allerdings ist die Beweislage auch eindeutig. Nicht nur Spermaspuren, auch die zahllosen Hämatome und die herausgerissenen Haare zeigen, welche Tortur Sarah durchlitten hat. Der Angeklagte wird zu einer Freiheitsstrafe von vier Jahren und drei Monaten verurteilt, doch da er wegen Diebstahl, Körperverletzung und Drogendelikten bereits vorbestraft war, erhöht sich seine Haftzeit auf sieben Jahre.

Bei Sarah hat die Tat Spuren hinterlassen. Trotz der Verurteilung leidet sie noch heute unter Albträumen und kämpft gegen Ängste an, die sie nicht immer kontrollieren kann. Aber sie ist sehr stolz auf sich selbst. Der Täter wollte sie fertigmachen, doch sie hat gesiegt. Dieses Gefühl hält Sarah am Leben.

Sophie, 31 Jahre alt, über Jahre missbraucht vom Ehemann

Mit fünfzehn Jahren lernt Sophie ihre große Liebe kennen – oder das, was sie dafür hält. Paul ist einige Jahre älter, charmant, eloquent, gutaussehend, gebildet, ein Sprössling aus einer Unternehmensfamilie, die schon im neunzehnten Jahrhundert Deutschlands Wirtschaft mitbestimmte. Nicht alle Nachfolger setzten diese Tradition fort, einige verschlug es in die Philosophie, die Psychologie, die Forschung. Es gab viel Ruhm, viel Ehre, auch reichlich Geld. Paul ist ein Sprössling dieser Dynastie, Kindermädchen haben sich um ihn gekümmert, als er heranwuchs, die Eltern hatten wenig Zeit für ihn, so war es in der Familie üblich. Als er sechzehn war, erkrankte seine Mutter. Tag für Tag besuchte er sie im Krankenhaus, immer in der Hoffnung, dass sie es doch noch schaffen würde und die Klinik wieder verlassen könnte, doch vergeblich. Wenig später verstarb sie. Seitdem sind ihm Krankenhäuser ein Gräuel, Paul macht einen großen Bogen um sie.

Sophies Eltern führen einen gut gehenden Handwerksbetrieb mit vielen Mitarbeitern, finanziell hat es nie Sorgen gegeben. Als Teenager lernen Sophie und Paul sich kennen, als junge Erwachsene werden sie ein Paar. Sophie ist sehr verliebt in Paul. Alle finden, sie gäben ein schönes Paar ab. Sie heiraten, eine Tochter und ein Sohn kommen zur Welt. Sophie wundert sich manchmal, dass Paul sich nie um die Kinder kümmert, wenn sie krank sind, und auch sonst fallen ihr einige seltsame Verhaltensweisen an ihm auf, aber sie ist der Überzeugung, dass man nicht gleich aufgeben sollte, wenn etwas nicht so läuft, wie man es sich vorgestellt hat. Über die Jahre verliert sie deshalb den Blick, was in ihrer Ehe noch stimmt und was nicht.

Nach einer Notoperation am Rücken besucht Paul sie nur ein einziges Mal im Krankenhaus. Sie entschuldigt ihn damit, dass er seit dem Tod der Mutter eben nicht mit Kliniken klarkommt. Sie wünscht sich so sehr, dass er sich mehr kümmern würde, doch ihn dazu drängen will sie nicht, denn sie möchte auf seine Gefühle Rücksicht nehmen. Später findet sie heraus, dass er in dieser Zeit andere Frauen trifft.

Als Sophie sich langsam von der OP erholt, beginnt sie eine Reha, begleitet von einer langwierigen Schmerztherapie. Therapeuten fragen sie, ob es Gründe gebe, weshalb sie solche Schmerzen habe; die Chirurgie sei nicht immer eine Lösung, die Bandscheibe sei doch auch ein Spiegel der Seele und eine anfällige Wirbelsäule nicht allein ein mechanisches Problem. Der psychische Zustand spiele bei Rückenschmerzen eine mindestens ebenso wichtige Rolle wie der Verschleiß. Sophie verneint, sie könne sich keine seelischen Ursachen vorstellen, alles sei in Ordnung, sie würde eine gute Ehe führen, die Kinder würden keine Probleme machen.

Dann passiert etwas, das Sophie nie für möglich gehalten hätte. Nach drei Wochen in der Reha reist Paul an. Sophie hat ein Einzelzimmer. Er betritt das Zimmer, packt Sophie und macht ihr schnell klar, dass er mit ihr schlafen möchte.

»Ich will nicht«, wehrt Sophie ab. »Ich habe Schmerzen, ich kann nicht mit dir schlafen. Lass das bitte.«

»Du wirst schon wollen«, grient Paul. »Du hast es ja sonst auch immer gewollt.«

»Bitte Paul, es geht mir nicht gut.«

Paul respektiert Sophies Nein nicht, er nimmt sich, was er in diesem Moment will. Es dauert nicht lange. Schnell zieht er seine Hose wieder an und verschwindet kommentarlos. Er lässt Sophie zurück, die in Tränen ausbricht. Was ist da gerade passiert? Sie überlegt, was dieser Vorfall zu bedeuten hat. Ist das vielleicht seine einzige Möglichkeit, mit Krankenhäusern zurechtzukommen? Muss er sie so behandeln, um die Erinnerungen an seine Mutter zu verdrängen? Sie findet diesen Gedanken seltsam, doch anders kann sie sich sein Verhalten nicht erklären.

Es ist das erste Mal gewesen, dass der Sex gegen ihren Willen stattgefunden hat. Aber vielleicht ist ja sie selbst schuld, überlegt Sophie weiter. Miteinander schlafen, das gehört doch zur Ehe. Paul ist der Mann, den sie liebt, ihre erste und einzige Liebe. Aber wieso hat er ihr Nein nicht akzeptiert? Hat sie dazu beigetragen, dass er so grob reagierte?

Sophie begreift nur langsam, dass sie in ihrer Ehe nie Nein gesagt hat. Von Anfang an hat sie Paul nicht widersprochen. Und hat sie es doch mal versucht, war er regelrecht aggressiv, extrem fordernd, auch im Bett. Mit Schrecken fällt ihr eine Situation ein, die sie fast schon verdrängt hatte. Sie hatte etwas gesagt, das ihm missfiel, sie weiß nicht mal mehr, was es war. Es geschah in der Küche ihres Hauses. Daniel, ihr Sohn, saß mit am Tisch, und in seiner Wut warf Paul plötzlich einen Topf nach ihr. Später wird Daniel die Küchenszene vor Gericht erzählen: »Der Vater hat den Topf nach der Mutter geschmissen.« Paul hatte in diesem Moment jeglichen Respekt und jede Hemmschwelle verloren, und Sophie hat es nur nicht realisiert. Sie wollte, dass ihre Ehe funktionierte.

Alle anderen wollen es doch auch, denkt sie. Die Kinder brauchen ihren Vater, den kann sie ihnen nicht nehmen. Dennoch kreisen ihre Gedanken in der Reha weiter um diesen Vorfall. Hier hat sie Zeit, sich ihnen zu stellen, hier hat sie sonst kaum etwas zu tun, das sie davon abhält. Wie oft hat Paul zu ihr gesagt: »Du bist nichts. Was ich sage, das wird gemacht, deine Meinung interessiert hier niemanden.« Das hätte sie hellhörig machen müssen. Hat Paul sie überhaupt je wertgeschätzt, ihre Meinung für wichtig gehalten?

In ihrem Bekanntenkreis käme niemand auf die Idee, zwischen ihr und Paul würde etwas nicht stimmen. Nach außen hin geben sie noch nach vielen Jahren Ehe ein perfektes Paar ab. Alle bewundern sie dafür, wie sie nach und nach ein Hotel für Pferde aufgebaut hat, wie hervorragend sie mit den Tieren umgeht, wie immer mehr Pferdebesitzer zu ihr kommen, um ihre Tiere in ihre Obhut zu geben. Es ist Schwerstarbeit, ein Ganztagsjob, den sie über alles liebt. Wenn sie Paul das zu erklären versucht, grinst er nur und sagt: »Pferde streicheln? Mein Gott, das kann ja jeder.«

Diese Sprüche, diese Geringschätzung klingen ihr nun in den Ohren.

Nach der Reha holt sie sehr schnell ihr Alltag wieder ein. Noch einmal vergewaltigt Paul sie, doch sie verdrängt auch diese Tat, denn was nicht sein darf, ist auch nicht existent. Immerhin erhält sie große Anerkennung für ihre Arbeit mit den Pferden, darin findet Sophie Trost und Vergessen. Und da Paul wegen seiner vielen Geschäftsreisen

31

oft nur am Wochenende zu Hause ist, kann sie in ihre eigene Welt flüchten.

Einer Freundin erzählt sie eines Tages von den beiden Vergewaltigungen, denn ihre Seele schmerzt so sehr. Wie gut tut es doch, wenn man sich jemandem offenbart und dieser Mensch tatsächlich zuhört.

Die Freundin ist schockiert und sagt: »Du musst Paul anzeigen.«

Sophie antwortet: »Das will ich nicht. Wer sich gegenseitig anzeigt, wird nicht zusammen alt.«

Auch wenn es verrückt ist, Sophie hat noch immer den Traum, mit diesem Mann den Rest ihres Lebens zu verbringen. Das ist ihr Wunsch, schon seit der Hochzeit. Die Freundin schüttelt nur den Kopf.

Vielleicht wäre alles so weitergegangen, hätte es nicht das Familienfest am siebzehnten Geburtstag ihrer Tochter Flora gegeben. Paul arrangiert anlässlich dieses Ereignisses ein Abendessen in einem Lokal. Nachdem die Teller des ersten Gangs abgeräumt sind, hält er eine Rede auf sein »heißgeliebtes Töchterlein«. Als er schließlich zum Ende kommt, gibt er noch etwas in eigener Sache bekannt: »Und ich will euch alle darüber informieren, dass von diesem Tag an meine Mitarbeiterin Vanessa Hoffmann meine neue Lebenspartnerin sein wird.« Mit diesen Worten verlässt er den Raum und lässt eine sprachlose Tischgesellschaft zurück. Draußen vor dem Lokal steht seine Kollegin, sie hat dort die ganze Zeit auf ihn gewartet. Die beiden fahren davon, alle Gäste können es durch die Fenster des Lokals beobachten. Die Party ist zu Ende.

Einen Tag nach diesem Abgang taucht Paul im gemeinsamen Haus auf und schleppt einen Koffer nach dem anderen raus, gefüllt mit seinen Sachen. Sophie sitzt auf der

Couch im Wohnzimmer, noch immer fassungslos. Sie begreift langsam: Am Wochenende hat Paul sie als Ehefrau benutzt, und während der Woche hat er sich mit einer Mitarbeiterin der Firma vergnügt. Wie lange ist das schon gegangen? Gleich nach Floras Geburtstagsfeier sieht sie in seinem Computer nach, der zu Hause in seinem Büro steht und den er wohl vergessen hat mitzunehmen. Doch sie findet keine Hinweise. Allerdings entdeckt sie dabei eine Datei, die ihr den Boden unter den Füßen wegzieht. Eine Datei, die den Titel »Entsorgung der Ehefrau 2016« trägt. Bis zu dem Datum sind es noch ein paar Jahre, anscheinend ist sein Plan wohl früher aufgegangen, als er es sich ausgemalt hat. Aber was, so fragt Sophie sich, ist das nur für ein Mensch, der eine Datei mit einem derart abartigen Titel anlegt? Sie fängt an zu zittern. Ihr Mann ist ihr auf einmal so fremd. Soll sie die Datei öffnen? Sie kann es nicht, ist dazu nicht in der Lage. Sie hat das Gefühl, als hätte Paul ihr ganzes Leben auf einen Schlag weggeworfen. Als hätte ihre gemeinsame Zeit nie eine Bedeutung für ihn gehabt.

Als der letzte Koffer im Auto verstaut ist, ruft die Tochter Flora ihm wütend hinterher: »Du brauchst gar nicht mehr hier aufzutauchen!«

»Das würde euch so passen«, brüllt Paul, und zu Sophie gewandt: »Glaub ja nicht, dass du mich je loswerden wirst. Ich habe immer noch die Kontrolle über dich.«

Sophie sagt daraufhin einen Satz, den sie keineswegs bereut, der aber zur Folge hat, dass ein Krieg zwischen ihr und ihrem Mann ausbricht: »Du wirst nie wieder Macht über mich ausüben.«

Paul kündigt ihre Krankenkasse. Dann passieren viele Merkwürdigkeiten und Bedrohungen. Schubladen sind durchwühlt, wenn sie nach Hause kommt. Im Pferdefutter findet sie Rattengift. Auf eine Fensterscheibe im Haus wird ein Schuss abgegeben, genau in Kopfhöhe. Einmal ist sie in ihrem Haus eingesperrt.

Sophie versteht anfangs nicht, was da vor sich geht. Wieso ist sie plötzlich nicht mehr krankenversichert? Ist sie etwa durch den Stress vergesslich geworden? Nein, das kann nicht sein. Und die Sache mit dem Rattengift? Hat sie womöglich aus Versehen und Schusseligkeit Rattengift in das Futter getan? Aber auch das glaubt sie letztlich nicht, denn gegenüber den Tieren ist sie immer besonders sorgsam.

Dann passiert etwas, das alles noch viel verwirrender macht. Sie findet heraus, dass Paul schon seit Jahren ein Doppelleben geführt hat, aber nicht mit der Kollegin, sondern mit einer anderen Frau. Mit der ersten Geliebten hat er, und das ist das völlig Unbegreifliche, ebenfalls zwei Kinder. Wieso hat sie nie etwas gemerkt? Hat die andere von ihr, der Ehefrau, gewusst? Es ist zu vermuten, denn Paul ist kein Unbekannter in der Gegend.

All das ist zu viel für sie. Sophie fühlt sich erdrückt von den niederschmetternden Tatsachen. Ihr Magen schnürt sich regelmäßig zusammen, sie bekommt dann kaum Luft, ihr Herz schlägt so schnell, dass sie befürchtet umzukippen. Sophie beginnt, sich mit einem Messer selbst zu verletzen. Ein schneller Schnitt – und der Druck in ihrem Körper lässt endlich nach. Ruhe kehrt ein, die aber nicht lange anhält. Die Emotionen, die sie belasten, kehren immer schneller zurück, lassen sich irgendwann nicht mehr regulieren. Sie bricht zusammen. Der Hausarzt überweist sie in eine Spezialklinik. Eine Ärztin sagt ihr im Verlauf der Therapie: »Sie müssen mit Ihrer Seele aufräumen, sonst wird das nichts. Sie haben achtundzwanzig Jahre psychischen Druck ausgehalten, Sie werden erst wieder gesund, wenn Sie begriffen haben, was mit Ihnen passiert ist. Wenn Sie mich fragen, beginnen Sie damit, indem Sie Ihren Mann anzeigen.«

Während Sophie in der Klinik liegt, erhält sie einen Anruf von einer Nachbarin: »Bei Ihnen vor dem Wohnhaus sind ganz viele Leute und tragen Sachen heraus. Ich habe Angst, dass es Einbrecher sein könnten.« Es sind jedoch keine Diebe, die da ihr Unwesen treiben. Paul hat den Schlüsseldienst angerufen und einen Großteil der Wohnung ausgeräumt. Er demonstriert damit wieder einmal, wie viel Macht er hat.

Aber sie will dieses Spiel nicht mehr mitspielen, sie will endlich entkommen. Sobald sie sich stark genug fühlt, geht sie zur Polizei. Sophie bittet darum, dass eine Frau anwesend ist, doch den Beamten der Dienststelle gelingt es nicht, eine Kollegin dazuzuholen. Sie schütteln bedauernd den Kopf. Nun gut, denkt sie, Polizisten sind Polizisten, ob männlich oder weiblich. Sie erzählt ihnen, was sie dazu bewogen hat, die Dienststelle aufzusuchen.

Als sie fertig ist, fragen die Beamten: »Ja, was wollen Sie denn eigentlich zur Anzeige bringen? Wollen Sie Ihren Mann wegen Vergewaltigung drankriegen? Wegen Körperverletzung, weil er einen Topf nach Ihnen geschmissen hat? Wegen Freiheitsberaubung, weil er Sie eingesperrt hat? Ihr Mann ist nicht vorbestraft, er hat Ihre gemeinsamen Kinder nicht gefährdet, er hat anscheinend weder Probleme mit Alkohol noch mit anderen Drogen. Er ist eine angesehene Persönlichkeit in unserer Gemeinde. Was wollen Sie? Das müssen Sie uns schon genauer sagen.«

Den Beamten ist offensichtlich die ganze Geschichte zu kompliziert. Sophie aber beharrt darauf, Paul anzuzeigen. Wenn nicht eine Anzeige, dann eben mehrere. Und so setzen die Beamten mehrere Anzeigen auf.

Sophie muss kurze Zeit danach abermals zur Polizei, dieses Mal jedoch, um Fingerabdrücke zu hinterlassen. »Wieso denn das?«, fragt sie, erstaunt über diese Aufforderung. »Was soll ich denn getan haben, dass Sie von mir Fingerabdrücke brauchen?«

»Sie wurden wegen Datenunterschlagung angezeigt.«

»Ja, aber von wem denn?«

Der Beamte räuspert sich verlegen, bevor er antwortet: »Von Ihrem Mann.«

Paul versucht also, den Spieß umzudrehen. Ihr Mann hat offenbar mit dem Vorgehen seiner Frau gerechnet und sie ebenfalls angezeigt. Vor ihr. Auch mehrfach: »Sie hat mich in der Küche eingesperrt, sie hat einen Topf nach mir geworfen. Sie ist gegen mich vorgegangen. Sie hat Daten von mir unterschlagen, sie stalkt mich.«

Eine Situation, die Sophie stark belastet. Auf einmal wird sie nicht nur als Opfer angesehen, sondern ebenso als Täterin.

Dennoch gelten die von ihr zur Anzeige gebrachten Vergewaltigungen als Straftaten. Das Gericht hat weitere Nachforschungen betrieben und gegen Paul Anklage erlassen. Schließlich muss er vor Gericht erscheinen. Zur Verhandlung kommt er mit zwei Bodyguards. Dazu ein dritter Mann, ein Uniformierter. Mit diesem Tross um sich herum möchte er wohl demonstrieren, wie viel Angst er angeblich vor seiner Frau hat. In Wahrheit demonstriert er damit, wie schwach sie in seinen Augen ist.

In dem Prozess stellt er Sophie als die Gewalttätige in

ihrer Ehe dar, als Lügnerin. Während der Verhandlung fragt der Richter Sophie nach dem Penis von Paul. Eine Viertelstunde geht es darum, ob Paul Links- oder Rechtsträger sei, einen großen oder kleinen Penis habe, wie rot dieser beim Geschlechtsverkehr werden würde, ob er beschnitten sei ...

Sophie denkt nur noch: Warum habe ich mir das angetan? Warum habe ich ihn angezeigt? Habe ich wirklich geglaubt, dass ich beweisen kann, was da passiert ist? Niemand ist auf meiner Seite. Die ganze Verwandtschaft habe ich gegen mich. Und Pauls Familie ist groß, über viele Länder verteilt.

Sie beantwortet die Fragen und bleibt bei ihren Anschuldigungen, auch wenn sie nicht damit rechnet, dass irgendwer ihr glaubt. Und doch wird ihr Durchhaltevermögen belohnt. Am Ende wird Paul verurteilt und bekommt zwölf Monate. Ein Jahr für all das, was er ihr angetan hat. Paul legt Berufung ein, in der zweiten Instanz werden aus den zwölf Monaten nur noch neun. In der dritten Instanz wird das Verfahren gegen eine Geldauflage eingestellt.

Sophie befindet sich heute in einer Situation, in der sie nicht genau weiß, wie es mit ihr weitergehen soll. Ihr Pferdehotel hat sie aufgeben müssen, durch die vielen Aufenthalte in Krankenhäusern und therapeutischen Einrichtungen ist sie nicht mehr in der Lage gewesen, den Betrieb aufrechtzuerhalten. Auf einer Streuobstwiese stehen zwei Pferde, die ihr gehören – ihr ganzer Trost.

Oft fragt sich Sophie, wie die Kinder diese furchtbaren Erlebnisse verarbeiten, ob sie sich auf ihre Zukunft auswirken werden. Ihr Sohn David besucht ein Internat, das die Schwiegereltern zahlen. Immerhin. Ihre Tochter

Flora hat sich in ihr Studium gestürzt und lehnt es regelrecht ab, sich auf einen Mann einzulassen oder eine Beziehung zu führen. Äußerlich lässt sie sich nicht »die Butter vom Brot nehmen«, sie wächst in Stresssituationen über sich hinaus und wird dann richtig stark. Darauf ist Sophie stolz. Flora verrät ihr, dass sie schon vor langer Zeit gespürt hat, dass in der Ehe ihrer Eltern etwas gewaltig falsch lief, lange bevor Sophie das realisierte. David spricht nicht viel über die Situation. Er frisst Sorgen still in sich hinein. Es ist nicht zu übersehen, dass seine Seele gelitten hat.

Auch deshalb macht Sophie sich Vorwürfe, nicht schon früher aus der Ehe ausgebrochen zu sein.

Fakten zu häuslicher Gewalt und Vergewaltigung in der Partnerschaft

Die eigene Wohnung ist der häufigste Tatort für Frauen, die sexualisierte Gewalt erleiden. Jede vierte in Deutschland lebende Frau hat laut Bundesministerium für Familie Gewalt durch aktuelle oder frühere Beziehungen erlebt. Sie ist die häufigste Ursache von Verletzungen bei Frauen: häufiger als Verkehrsunfälle und Krebserkrankungen zusammengenommen. Häusliche Gewalt und Vergewaltigung hängen oft eng miteinander zusammen. Die Vergewaltigung steht nicht selten am Ende körperlicher oder seelischer Misshandlungen. Bei Vergewaltigungen und sexueller Nötigung in Partnerschaften sind die Opfer fast zu 100 Prozent weiblich, bei Stalking und Bedrohung in Partnerschaften sind es fast 90 Prozent.

Betroffen sind nicht nur Frauen in sozialen Brennpunkten. Auch Frauen in mittleren und hohen Bildungs-

und Sozialschichten werden von ihren Partnern geschlagen, vergewaltigt, beschimpft und bespuckt. In der Alltagssprache werden die Worte »Vergewaltigung« und »sexueller Missbrauch« häufig gleichbedeutend verwendet. Rechtlich gesehen gibt es einen Unterschied. Nach dem Strafgesetzbuch (StGB) § 177 liegt eine Vergewaltigung dann vor, wenn eine Person zu einer sexuellen Handlung gezwungen wird, wenn mit einem Körperteil oder einem Gegenstand in eine Körperöffnung dieser Person eingedrungen und dabei Gewalt angewendet wird, gefährliche Drohungen ausgesprochen oder eine hilflose Lage ausgenutzt wird. Andere so erzwungene sexuelle Kontakte werden im Strafrecht sexuelle Nötigung genannt. Eine strafrechtliche Einordnung ist oft schwierig und das Empfinden betroffener Frauen häufig ein anderes.

Häusliche Gewalt ist meist kein einmaliges Ereignis, sondern tritt wieder und wieder auf und steigert sich im Laufe der Zeit. In manchen Familien ist häusliche, auch sexuelle Gewalt ein Muster, um Konflikte zu lösen, besonders, wenn im Alltag Alkohol oder Drogen eine Rolle spielen. Aus Angst vor den unkalkulierbaren Reaktionen des Partners und davor, noch mehr gequält zu werden, wehren sich viele Frauen nicht mehr dagegen. Manche sagen, dass der erzwungene Beischlaf nicht so schlimm gewesen sei, da er nur von kurzer Dauer sei. Sie hätten mehr Furcht vor den Schlägen gehabt, dem körperlichen Leiden, den blauen Flecken, der Scham, damit in die Öffentlichkeit zu gehen und Lügen erfinden zu müssen, wenn nachgefragt wurde. So oft kann man eben nicht aus Versehen gegen die Tür geknallt oder eine Treppe aus Unachtsamkeit hinuntergestürzt sein. Die misstrauischen Blicke von

Nachbarn und Bekannten werden als große Bürde empfunden.

Der erzwungene Beischlaf hat dennoch Auswirkungen, und zwar auf die Seele, und das wird oft erst später bemerkt. Gewaltvolle Partner operierten mit Drohungen, um die Partnerin »in Schach zu halten«. Es wird suggeriert, dass die Frau selbst Schuld daran trage, wenn der Partner zuschlägt oder vergewaltigt. Viele Frauen beschreiben, wie sie sich bald selbst hinterfragen: Bin ich womöglich die Schwierige? Die Zicke? Stelle ich mich vielleicht nur an? Und weil man so nicht sein will, ein solches Selbstbild nicht akzeptiert, wird weiter verdrängt. Das eigene Verhalten wird danach ausgerichtet, den Partner nicht zu provozieren. Man hat Angst vor dem Partner, aber die Vorstellung, ohne ihn leben zu müssen, bereitet noch größere Angst.

Betroffene Frauen leiden unter massiven seelischen Problemen, viele Frauen kämpfen mit Depressionen, einige haben Selbstmordgedanken oder verletzen sich selbst. Das Selbstwertgefühl sexuell misshandelter Frauen wird mit der Zeit so gering, dass ein Ausbrechen aus der gewaltvollen Partnerschaft und eine Trennung als unmöglich erscheinen. Das, was einmal als schrecklich und unerträglich empfunden wurde, wird zur Normalität erklärt, um zu »überleben«.

Missbrauch im Kinderzimmer

»In jedem Klassenzimmer sitzt im
Durchschnitt ein Kind, das schon sexuellen
Missbrauch erlebt hat.«

Katharina von Renteln, Dunkelziffer e. V.

Dieses Kapitel ist vielleicht das schwerste zu lesen. Das schwerste zu schreiben. Und ganz sicher das schwerste zu ertragen, wenn es ein Kapitel deines eigenen Lebens ist. Wir müssen keine Abstufungen machen von Leid, die eine Form der sexuellen Gewalt ist nicht weniger schlimm als die andere. Jedes Schicksal ist individuell und wert, beachtet zu werden. Doch den Missbrauch ihres Körpers und ihrer Seele, den Jungen und Mädchen in ihrer Kindheit durchleiden, kann man sicher als kaum steigerungsfähiges Leid ansehen.

Als ich in Hamburg in der Selbsthilfegruppe des Vereins FARO gemeinsam mit fünf Frauen saß, die mir von ihren Qualen erzählten, bekam ich nur die Spitze des Eisbergs zu hören. Die Frauen wollten mich schützen, auch damit ich nicht abbreche und den Raum verlasse oder ihnen gar mit Abscheu begegne. Denn das ist es, was sie sehr oft erleben, wenn sie sich überwunden haben zu sprechen.

Patricia, heute 53 Jahre alt, von der eigenen Familie jahrelang missbraucht

Patricias Kindheit ist ein unvorstellbares Martyrium. Sie wächst auf in Hamburg in einer nach außen hin völlig normalen Familie. Ihr Vater ist Techniker, die Mutter Hausfrau, sie hat einen älteren Bruder. Doch der Schein trügt. Schon als sehr kleines Kind wird sie in ihrer Familie zu einer Art Sexpuppe auserkoren. Wenn ihre Eltern, die Großeltern und später auch ihr Bruder etwas getrunken haben und abends zusammensitzen, wird Patricia aus dem Bett geholt.

»Sie haben mich auf den Küchentisch gelegt, dann durfte jeder mal ran. Da wurden keine Körperöffnungen ausgespart.« Sie wird gequält, gefoltert, im Keller angebunden und eingesperrt. Ihre Eltern geben ihr nichts zu essen und zu trinken, wenn sie nicht gehorcht, damit sie beim nächsten Mal gefügiger ist. Als Patricia in die Schule kommt, hat sie bereits eine Art Parallelidentität entwickelt, die keine Erinnerung zulässt an all die Qualen, die sie zu Hause erleidet. Wenn sie im Klassenzimmer sitzt, hat ihr Unterbewusstsein die Taten so weit verdrängt, dass sie davon nichts weiß. Diesen Mechanismus beschreiben neben Patricia sehr viele der Frauen, die als Kinder sexuelle Gewalt erlebt haben.

Nirgends spricht Patricia über die unbeschreiblichen Dinge, die sie erlebt. Sie fühlt sich wie Dreck. Genau so wird sie behandelt, und dann wird es wohl stimmen, denkt das Mädchen. Sie hat kaum Selbstbewusstsein, nach außen gibt sie sich trotzdem laut und stark. Sie hat oft Kopfschmerzen, Rückenschmerzen, Kleinigkeiten können sie schnell aus der Bahn werfen. Aber niemand bemerkt, dass etwas nicht stimmen kann bei ihr.

Schon sehr früh hat sie Selbstmordgedanken. Auf dem

Spielplatz in der Nähe der elterlichen Wohnung gibt es eine Schaukel, ihr gegenüber befindet sich eine große Eisenrutsche. »Wenn ich auf der Schaukel saß, habe ich immer gedacht, wenn du hier weit genug abspringst, ballerst du mit dem Kopf gegen die Rutsche, und dann ist alles vorbei.« Doch dazu fehlt ihr der Mut. Jahrzehntelang erträgt sie den schweren Missbrauch in ihrer Familie und findet auch bis ins Erwachsenenalter niemanden, dem sie sich anvertrauen könnte. Zumal der Verdrängungsmechanismus ganz hervorragend bei ihr funktioniert. Im Laufe ihrer Kindheit spaltet sie die schrecklichen Erlebnisse ab. Sie verdrängt die Geschehnisse in eine Ecke des Gehirns, zu dem sie im Alltag keinen Kontakt hat.

Erst mit Ende dreißig beginnen die Flashbacks. Plötzlich sind in ihrem Kopf furchtbare Bilder, tauchen Erinnerungen auf an die ekelhaften, erniedrigenden Situationen. Sie bricht zusammen, kann anfangs nicht glauben, was sie jahrelang verdrängt hat. Als sie dann endlich die Kraft und den Mut hat, ihre Mutter und den Bruder damit zu konfrontieren, hat erst die Mutter und kurz darauf auch der Bruder einen Herzinfarkt. Das ist kein seltenes Phänomen, wenn Menschen ein Doppelleben führen und ertappt werden. Mit dem Tod der Mutter und des Bruders hat Patricias Leiden schließlich ein Ende. Sie sucht sich Hilfe und beginnt eine Therapie. Drei Jahre später stirbt auch ihr Vater.

Patricia macht eine Ausbildung zur Heilpraktikerin, heiratet, bekommt eine Tochter. Erst nach Jahren erzählt sie ihrem Mann von den erlebten Qualen. Er begegnet ihr mit viel Verständnis, dennoch hält die Ehe diese Probleme nicht aus. Es kommt zur Scheidung. Die Narben der sexuellen Gewalt sind geblieben. Immer wieder kämpft Patricia mit Depressionen und Schmerzen. Und selbst wenn sie mit Menschen darüber spricht, die erfahren sein müssten, erlebt sie Ablehnung. So beschreibt sie, wie der Frauenarzt reagiert, nachdem sie ihn gebeten hat, die Untersuchung vorsichtig durchzuführen: Sie habe als Kind schweren Missbrauch erlebt und daher noch Schmerzen im Unterleib.

»Oh Gott, hören Sie auf, das will ich lieber nicht hören, dann krieg ich das nicht mehr aus meinem Kopf«, lautet seine Reaktion. Er kann ihr danach kaum noch ins Gesicht sehen und untersucht sie mit spitzen Fingern, als sei er angewidert. Sie wechselt daraufhin den Arzt.

In der Folge schweigt sie fast gegenüber jedem über das, was sie im Leben durchgemacht hat. Nur in der Selbsthilfegruppe kann sie sich öffnen. Die betroffenen Frauen können dort Dinge sagen, die im Grunde unaussprechlich sind. Und die sie auch mir nicht erzählt. Es wird oft geweint und auch geschrien in dieser Gruppe. Aber es ist der einzige Ort, wo Betroffene die Fassade fallen lassen können.

Patricia hat geschafft, sich zu befreien, und sie hat ein liebevolles Verhältnis zu ihrer Tochter. Darauf ist sie stolz. Aber das Leben zu meistern ist jeden Tag eine große Herausforderung. »Es hat mich geprägt, und ich bin immer noch auf dem Weg, mich zu finden, zu erkennen, was ich überhaupt mag am Leben. Denn Jahrzehnte gab es da nichts Schönes. Vierzig Jahre wie in Guantánamo, das hinterlässt Spuren.«

44

Wiebke, 51 Jahre alt, vom Stiefvater missbraucht und vergewaltigt

Wiebke lebt heute aufgrund ihrer erlittenen Qualen mit einem künstlichen Herzen. Sie ist 51 Jahre alt und sucht immer noch nach Antworten. Dabei weiß sie, dass sie die nie bekommen wird.

Als sie vier Jahre alt ist, heiratet ihre Mutter ein zweites Mal. Wiebke hat nun einen Stiefvater, der deutlich jünger ist als ihre Mutter. Sie wird von ihm adoptiert, der leibliche Vater tritt sämtliche Rechte an seiner Tochter an ihn ab. Schon sehr früh beginnt der Stiefvater, das kleine Mädchen einzuschüchtern. Lässt sie beim Essen einen Löffel fallen, erntet sie sofort missbilligende Blicke. Zugleich gibt er seiner Stieftochter zu verstehen, dass sie ganz wichtig für ihn sei und er sie über alles liebe. Als sie ungefähr sechs Jahre alt ist, muss sie im Garten im Sommer im Bikini herumlaufen. Die kurze Hose, die ihr die Mutter angezogen hat, wird auf Befehl des Stiefvaters gegen das Bikiniunterteil eingetauscht. Wie merkwürdig so ein Befehl ist, fällt offenbar niemandem auf. Der Ton gegen seine Stieftochter wird immer härter. Wegen Nichtigkeiten schlägt er sie und sperrt sie anschließend ins Kinderzimmer. Die Mutter, die selbst unter ihrem Mann leidet, lässt ihn gewähren und beschützt ihre Tochter nicht. Für Wiebke ist das bis heute nicht nachvollziehbar. Sie weiß nur, dass sie damals keinen eigenen Willen zeigen durfte und dass der neue Mann ihrer Mutter alles im Haus kontrollierte.

Als sie in die Pubertät kommt und ihre Brust wächst, muss sie sich vor ihrem Stiefvater hinstellen und den Pulli hochziehen. Es ist ihr peinlich, aber aus Angst vor seinen

Schlägen tut sie, was er verlangt. Kurz nach ihrem zwölften Geburtstag missbraucht er Wiebke zum ersten Mal. Er droht ihr und befiehlt, dass sie niemandem davon erzählen darf, sonst »wird dich kein Mensch mehr liebhaben«. Danach kommt er immer wieder und vergeht sich an ihr. Die Mutter weiß mittlerweile davon und tut nichts dagegen. Sie fördert das Gebaren ihres Mannes sogar. Eines Tages legt sie die Tochter in das gemeinsame Ehebett – als Trostpflaster, weil sie und ihr Mann sich gestritten haben. Die sexuellen Handlungen, die der Stiefvater an Wiebke vollzieht, werden immer extremer, schließlich werden sie sogar von der Mutter gefilmt.

Was ist da in den Köpfen der Menschen falsch gelaufen?, fragt sich Wiebke bis heute.

Wiebke ist das Opfer und wird auch überall so behandelt. Sie wird als schusselig dargestellt, sie würde immer hinfallen, heißt es, als sie – grün und blau geschlagen vom Stiefvater – ins Krankenhaus gebracht werden muss. In der Klinik wird den Eltern geglaubt. Als sie vierzehn ist, nimmt sie allen Mut zusammen und erzählt ihrer Tante von den Verbrechen, die sie zu Hause erlebt. Es hat sie große Überwindung gekostet, doch in der Tante sieht sie die letzte Rettung, und zu ihr hat sie bislang ein herzliches Verhältnis. Die Tante aber glaubt das alles nicht und erzählt der Mutter, Wiebke würde wild herumfantasieren. Damit ist die Sache erledigt. Ein weiterer Schock für Wiebke, die hoffte, endlich jemanden gefunden zu haben, der sie aus dieser Hölle befreien kann. So ist es nur eine weitere Enttäuschung, die sie davon überzeugt, Abschaum zu sein.

Ein Jahr später trennen sich die Eltern. Wiebke denkt nur: Endlich habe ich ihn von der Backe.

Sie hat sich zu früh gefreut. Nachdem ihr Stiefvater ausgezogen ist, fordert er ein, dass Wiebke ihm am Wochenende den Haushalt führt. Letztlich bedeutet das, dass sie seine sexuellen Spielchen weiter ertragen muss. Oft hält er ihr eine Waffe an den Kopf, wenn sie nicht will, was er verlangt – aufgrund seiner Anstellung bei einer Wachdienstfirma besitzt er einen Waffenschein.

Mit fünfzehn beginnt sie eine Ausbildung als Arzthelferin. Im Nachhinein glaubt Wiebke, dass sie diesen Beruf damals weniger aus dem Wunsch heraus gewählt hat, anderen Menschen zu helfen. Sie hat ihn gewählt, weil sie in einer Praxis einfacher an Medikamente kommen könnte, um sich das Leben zu nehmen. Zu diesem Zeitpunkt hat das Mädchen bereits Selbstmordgedanken. Sie will nicht mehr leben, sie kann nicht mehr, jede Freude hat man ihr genommen. Sie darf keinen Tanzkurs machen, weil ihr Stiefvater ihr das nicht erlaubt. Sie ist sein Besitz, er bestimmt darüber, was sie tun darf und was nicht. Längst ist Wiebke aus ihrem Körper ausgestiegen und hat nur noch ein Ziel: den Giftschrank der Arztpraxis. Ohne dass es jemand bemerkt, sammelt sie eine starke Schmerztablette nach der anderen, bis sie hundert Stück beisammenhat. An einem Dienstagabend, die Mutter sitzt gerade auf dem Sofa und schaut im Fernsehen »Dallas«, zündet Wiebke in ihrem Zimmer eine Kerze an und schluckt so viele Tabletten, wie sie runterkriegt. Kurze Zeit später entdeckt ihre Mutter sie jedoch und ruft den Notarzt. Wiebke wird der Magen ausgepumpt. Sie ist am Boden zerstört, dass es nicht funktioniert hat, und hält sich selbst für zu blöd, um sich das Leben zu nehmen.

Nachdem Wiebke volljährig ist, gaukelt der Stiefvater ihrer Mutter vor, er wolle wieder mit ihr zusammen sein.

Die Mutter kann ihr Glück kaum fassen, sie ist verliebt wie ein Teenager – in ihren Exmann. Danach beginnt eine zerstörerische Zeit von Abhängigkeit, Eifersucht und Selbstaufgabe. Wiebke wird schwanger von ihrem ehemaligen Stiefvater und bekommt zwei Kinder von ihm. Sie empfindet Abscheu gegen ihn und kann dennoch nicht ausbrechen. Was für Außenstehende unbegreiflich erscheint: Die junge Frau hat nie gelernt, dass ihre Bedürfnisse etwas wert sind, und kein Zutrauen, dass sie ihr Leben alleine meistern kann. Sie ist irgendwann nur noch ein Nervenbündel, steht unter Strom, findet kaum noch Schlaf. Der Hausarzt, den sie aufsucht, sagt: »Sie bekommen von mir ein Beruhigungsmittel verschrieben, aber Sie müssen sehen, dass Sie diesen Mann verlassen. Sie müssen raus aus Ihrer familiären Situation.« Sie fragt: »Wie soll ich das ohne Geld machen?« Er antwortet: »Gehen Sie ins Frauenhaus. Suchen Sie eine kriminalpolizeiliche Beratungsstelle auf.«

Zuerst entscheidet sie sich für die Beratungsstelle, wo man sie fragt, ob sie den Mann anzeigen wolle. Sie würde es gerne tun, aber sie weiß nicht, wie sie ihm die Taten nachweisen kann. Es gibt Fotos und Filme, die man von ihr als Minderjährige gemacht hat, aber an die kommt sie nicht heran. Sie weiß nicht, wo er alles aufbewahrt. Die Beamten zeigen viel Verständnis und ermutigen sie, ein neues Leben anzufangen, irgendwo, sie sei noch so jung, sie solle am besten vergessen. Das sind gut gemeinte Ratschläge, aber sie helfen wenig in der Hölle, durch die sie seit über zwanzig Jahren geht.

Als er sie erneut verprügelt, ein weiteres Mal von so vielen, ruft sie das Frauenhaus an. Dort hört man ihr zu und weist sie dennoch ab: »Es tut uns leid, aber wir sind voll, wie haben keinen Platz für Sie und Ihre Kinder.« Irgendwann schafft sie es, sich eine Wohnung zu suchen und mit den Kindern auszuziehen. Ihre Mutter, die so versagt hatte bei der Fürsorge ihrer eigenen Tochter, entwickelt sich zu einer Über-Oma und hat ein sehr inniges Verhältnis zu ihren Enkeln. Fast ist Wiebke manchmal neidisch auf diese liebevolle Zuwendung. Ein selbstbestimmtes Leben ist bis heute sehr schwer für Wiebke.

Das Leben, das Wiebke beschreibt, ist ein nicht enden wollender Horror und für Außenstehende kaum vorstellbar. Man möchte schreien bei der Vorstellung, dass selbst Notfall-Stationen wie Frauenhäuser Mütter und ihre Kinder abweisen müssen, weil schlicht nicht genug Platz vorhanden ist.

Beate, 36 Jahre alt, Missbrauch durch den eigenen Bruder

Beate ist ein fröhliches Kind, das am liebsten mit vielen Freunden aus der Nachbarschaft draußen spielt. Sie geht nur dann kurz nach Hause, wenn sie mal auf die Toilette muss, oder aber, wenn es dunkel wird und das Abendessen auf dem Tisch steht.

Doch an einem Tag verändert sich alles. Wieder einmal möchte sie nur kurz die Toilette aufsuchen, doch ihr Bruder steht plötzlich vor ihr im Badezimmer.

Schnell schiebt sie ihren Schlüpfer nach oben, ganz schafft sie das allerdings nicht. Denn Beate erstarrt, sie traut ihren Augen nicht. Vor ihr steht Markus, ihr Bruder, ohne seine Boxershorts, sein Penis ist erigiert. Er kommt näher, er packt sie an ihren langen braunen Haaren.

»Mund auf«, zischt er ihr bedrohlich zu. Sie hält den Mund geschlossen, presst die Lippen aufeinander. »Wenn du nicht tust, was ich dir sage, werden dich unsere Eltern in ein Heim geben.« Beate fängt an zu weinen. Markus wiederholt seine Drohung. Langsam öffnet sie die Lippen. Er schiebt seinen Penis in ihren Mund hinein, und sie bekommt kaum Luft. Irgendwann ist er fertig. »Du weißt, es bleibt unser kleines Geheimnis.«

Und Beate verrät nichts. Sie möchte nicht ins Heim. In der Folge versucht sie jede Situation zu vermeiden, in der ihr Bruder sie ein weiteres Mal missbrauchen könnte, doch er findet immer wieder Momente, in denen sie allein in der Wohnung sind. Es hört erst auf, als er eine Freundin hat. Mit ihr zieht er irgendwann zusammen. Nie sprechen Beate und Markus darüber, auch später nicht, zu sehr schämt sie sich, dass ausgerechnet ihr das passiert und dass der Täter ihr eigener Bruder ist.

Sie trägt dieses bittere Kapitel ihrer Kindheit nun seit 15 Jahren mit sich herum. In ihrem Umfeld weiß von der Vergewaltigung durch den Bruder niemand etwas.

Erschütternde Zahlen

Jedes Jahr werden laut offiziellen Erhebungen mehr als 14 000 Kinder in Deutschland Opfer von sexuellem Missbrauch, und dies sind allein die Fälle, die in offiziellen Erhebungen wie der Polizeilichen Kriminalstatistik (PKS) aufgeführt werden. Die Dunkelziffer ist extrem hoch, denn häufig ist das Opfer ein Kleinkind und zu Aussagen noch nicht fähig. Größere Kinder scheuen sich aus unterschiedlichen Gründen, Angaben zu machen, vor allem dann, wenn der Vater oder Stiefvater als Täter infrage kommt. Einer der Gründe ist, dass Kinder trotz ihrer Qualen die Gefahr erkennen, für den Zerfall der Familie verantwortlich gemacht zu werden. Deutsche und internationale sogenannte Dunkelfeldstudien kommen zu dem Ergebnis, dass unvorstellbare 15 bis 30 Prozent aller Mädchen und 5 bis 15 Prozent aller Jungen in ihrer Kindheit Erfahrungen mit sexueller Gewalt machen. Drei Viertel der Opfer sind demnach weiblich, betroffen sind Kinder aus allen sozialen Schichten. Eine ungeheuerliche Zahl. Im Durchschnitt sitzt also in jedem Klassenzimmer in Deutschland ein betroffenes Kind.

Täter gehören zu einem sehr großen Teil zur Familie oder zum Bekanntenkreis der Familie des Kindes. Statistiken gehen davon aus, dass nur etwa sechs Prozent der Täter Fremde sind. Dies bestätigen auch die Geschichten der Frauen, die mir geschrieben haben. Zu einem überwältigend großen Teil waren die Täter der Vater oder Stiefvater. Manche Frauen berichten, dass die Mütter davon gewusst und weggesehen haben. Einige Mütter wurden sogar im Verlauf des Missbrauchs zu Komplizinnen der Täter, oft um Gewalt von sich selbst oder aber eine Trennung abzuwenden.

Die psychischen Folgen für die Kinder sind immens und können unterschiedliche Auswirkungen haben. Kapitel 9 und 10 gehen genauer auf Symptome und Krankheitsbilder, mögliche Heilung und Therapieformen ein. Das Vertrauen in Personen, die das Kind eigentlich liebt und zu denen es aufblicken möchte, wird zerstört. Die Kinder erleben Hilflosigkeit, fühlen sich der Situation ausgeliefert, sehen keinen Ausweg. Das Selbstvertrauen wird in hohem Maße geschädigt, gleichzeitig empfinden die Kinder Scham, Schuldgefühle und Wertlosigkeit.

Wissenschaftlich bewiesen ist auch, dass die Schädigungen durch Missbrauch umso schwerwiegender sind, je größer der Altersunterschied zwischen Täter und Opfer ist, je näher der verwandtschaftliche Grad, je länger der Missbrauch anhält und je weniger weit entwickelt das Kind zu Beginn des Missbrauchs ist.

Kann man Missbrauch erkennen?

Woran kann man aber als Außenstehender erkennen, dass ein Kind Missbrauch erlebt? Welche Symptome sollten uns aufhorchen und genauer hinsehen lassen? Diese Frage beschäftigt mich seit Beginn der Recherchen. Die Bandbreite der Auswirkungen ist sehr vielfältig, laut Experten gibt es keine eindeutigen Merkmale und keine Checkliste, anhand derer man als Außenstehender hundertprozentig erkennen kann, ob Kinder sexuelle Gewalt erleben. Aber, und das ist wichtig, es gibt Auffälligkeiten und Verhaltensweisen, die sehr viele missbrauchte Kinder entwickeln und die von Fachleuten, dem Familienministerium und Fachverbänden der Kinder- und Jugendpsychiatrie aufgelistet werden.

Wenn Kinder, die sonst gut in der Schule zurechtkamen, plötzlich nicht mehr zum Unterricht wollen oder ihre Leistungen einbrechen, wenn sie plötzlich introvertierter sind oder eine große Scheu zeigen, mit einer bestimmten Person zusammen zu sein, können dies Anzeichen für einen möglichen Missbrauch sein. Neben körperlichen Symptomen wie Verletzungen und Schmerzen können auch psychische Erkrankungen, Suchterkrankungen, Schlafstörungen, Angstzustände und Essstörungen auftreten. Manche Kinder verletzen sich selbst und entwickeln ein sogenanntes Borderline-Syndrom.

Sie entwickeln außerdem sehr häufig einen Mechanismus, um das Martyrium vom restlichen Leben abzukoppeln. Kinder verdrängen in der Regel ihre erlebten Traumata, sie flüchten in eine Parallelwelt. Frauen berichten, dass sie im Schulunterricht saßen und nicht wussten, dass sie zu Hause regelmäßig missbraucht wurden. Sie entwickelten zwei Identitäten, sodass eine davon vermeintlich »ohne« das Leid leben konnte. Für das Kind ist es die einzige Rettung, um vor dem Leid, der Scham, der Pein, den Schuldgefühlen, der Unterdrückung und den Drohungen der Täter zu flüchten. Sehr oft werden die Erinnerungen erst im Erwachsenenalter bewusst. Durch kurze Einblicke in seine Seele entdeckt das Opfer die vergessen geglaubten schrecklichen Erlebnisse. Diese Einblicke werden Flashbacks genannt und tauchen häufig erst nach Jahren auf, manchmal nach einem einschneidenden Erlebnis, und werden als großer Schock erlebt. Die Opfer können oft nicht glauben, was sich da in ihrer Erinnerung abspielt. In der Regel spüren sie aber seit jeher, dass in ihrem Leben etwas nicht in Ordnung war.

Keine dieser Verhaltensauffälligkeiten an sich ist ein eindeutiges Indiz für Missbrauch, und wir sollten uns vor vorschnellen Rückschlüssen hüten. Auch das hat es in der Vergangenheit gegeben, und damit ist sehr viel Leid über Familien gebracht worden. Aber es ist auch ein Fakt, dass missbrauchte Kinder im Durchschnitt acht Erwachsene ansprechen müssen, bevor ihnen geholfen wird. Sieben Erwachsene haben also zuvor die Augen und Ohren verschlossen und nichts unternommen.

Die Lebensgeschichten, die hier von betroffenen Frauen erzählt werden, und das zusammengetragene Wissen können nur das eine Ziel haben: Wir müssen ein besseres

Netzwerk erschaffen, damit betroffene Kinder schneller Hilfe finden! Das unvorstellbare Ausmaß dieses Problems muss uns als Gesellschaft zum Handeln zwingen – und jeden Einzelnen von uns zum Hinschauen.

Macht und sexuelle Übergriffe am Arbeitsplatz

»Du sollst hier nicht nur schön schreiben, sondern auch schön mit mir ficken!«

Der stellvertretende Chefredakteur eines Hamburger Printmagazins zu einer Redakteurin, überliefert von Stern-Autorin Ulrike Posche

Anzügliche Blicke, sexistische Sprüche, der Klaps auf den Po und zweideutige Nachrichten per SMS sind leider so alltäglich, dass Frauen über Jahrzehnte kaum öffentlich drüber gesprochen haben und viele sich wahrscheinlich nicht einmal darüber im Klaren waren, wie falsch dieses Verhalten der Kollegen ist. Dabei haben laut einer repräsentativen Studie aus dem Jahr 2014 60 Prozent aller Frauen in Deutschland sexuelle Belästigung erlebt, jede dritte davon im Arbeitsumfeld.

In diesen Tagen wird viel diskutiert über Sexismus am Arbeitsplatz. Man mag langsam denken, es sei alles gesagt. Und nicht jeder freche Spruch eines Kollegen ist gleich zu kriminalisieren. Wir alle wollen ein Arbeitsklima, in dem Männer und Frauen auf Augenhöhe arbeiten und auch scherzen oder flirten können. Denn alles, was auf Gegenseitigkeit und Respekt beruht, ist menschlich und gesund und sorgt für ein gutes, produktives Arbeitsklima. In manchen Kommentaren wird jedoch suggeriert, dass nun jedes persönliche Wort am Arbeitsplatz verboten und jegliches Sichnäherkommen sanktioniert werden muss. Welch eine öde Vorstellung. Niemand wünscht sich das, und es wäre eine völlig unnötige Reaktion. Denn Menschen haben ein natürliches Gespür dafür, ob eine Anziehung erwidert wird. Wenn wir uns alle an dieses Bauchgefühl halten, gibt es keine Probleme. Einmal nach einem Date fragen ist erlaubt.

Und doch sind die Debatte und das Ausloten der Grenzen wichtig für unsere Gesellschaft als Ganzes und nicht nur für Frauen im Beruf. Denn wo Sexismus praktiziert wird, sind Frauen eher von sexueller Gewalt bedroht und haben gleichzeitig geringere Chancen, einen beruflichen Aufstieg zu schaffen.

Wie eng der Zusammenhang zwischen kleinen sexistischen Übergriffen und tatsächlicher Vergewaltigung ist, zeigt die Geschichte der Auszubildenden Susanne in diesem Kapitel.

Susanne, 21 Jahre alt, vergewaltigt vom Vorgesetzten

Schon in den ersten Tagen ihrer Ausbildung zur Bürokauffrau bemerkt Susanne die Annäherungsversuche ihres Chefs. Nach kürzester Zeit steckt Herr V. ihr heimlich kleine Briefchen zu, deren Inhalt weit unter die Gürtellinie geht. Sie ist sehr irritiert, denn sie hat sich auf die Ausbildung gefreut und möchte ihr Bestes geben, aber weiß nun nicht, wie sie mit dieser Situation umgehen soll. Bald hat er ihre Handynummer herausbekommen und schreibt nun ständig anzügliche SMS, die sie ignoriert. In ihrer Freizeit spielt Susanne Badminton; eines Tages taucht Herr V. in der Halle auf, in der sie spielt. In den folgenden Wochen wiederholt er diese unwillkommenen Besuche und schaut ihr stundenlang beim Training zu. Anschließend trifft jedes Mal eine SMS nach der anderen ein, immer mit anzüglichen Einzelheiten zu ihrem Äußeren. Sie antwortet nie, trotzdem hört er nicht auf und schreibt weiter unzählige Nachrichten.

Im Betrieb wird Susanne immer wieder in sein Büro gerufen, meist aus fadenscheinigen Gründen. Sie hat das Gefühl, Herr V. will ständig in ihrer Nähe sein. Ihr ist diese Situation extrem unangenehm, aber sie weiß nicht, was sie tun kann, um sie abzuwenden. In ihrem Elternhaus hat sie nie gelernt, sich älteren Menschen zu widersetzen. Ranghöheren hat man zu gehorchen, so hat man es ihr beigebracht. Also nimmt sie alles hin. Sie traut sich nicht einmal, ihren Eltern gegenüber von den Aufdringlichkeiten zu erzählen. So überschreitet ihr Ausbilder die Grenzen immer weiter.

Eines Tages ordnet er an, dass sie Überstunden zu machen habe, und begründet es so: »Sie haben noch Defizite in der Elektrotechnik, das muss ich Ihnen noch einmal erklären.« Als die anderen Kollegen sich in den Feierabend verabschieden, sind nur noch sie und Herr V. im Produktionsgebäude. Er setzt sich neben Susanne an ihren Arbeitsplatz und rutscht näher und näher. Erst legt er den Arm auf die Rückenlehne ihres Stuhls, dann auf ihre Schulter. Sie beginnt sich zu fürchten und sagt: »Nehmen Sie bitte Ihre Hand von mir.« Ihr Ausbilder reagiert nicht und raunt ihr zu: »Du willst doch sicher nicht, dass dein Pferd etwas frisst, woran es sterben könnte?« Woher weiß er von ihrem Pferd? Woher weiß er, wie sehr sie an diesem Tier hängt? Dass ihr Pferd Dragon ihr Ein und Alles ist?

Aus Angst, dass er ihrem Tier etwas antun könnte, verfällt Susanne in eine Ohnmacht und erduldet, was Herr V. tut. Sie denkt nur: Ich darf nicht zulassen, dass er seine Drohung in die Tat umsetzt und Dragon Leid zufügt. Während sie seine Berührungen auszublenden versucht, wandert seine Hand zu ihrem Oberschenkel. Sie hofft, dass das Telefon klingelt oder etwas passiert, das ihn stört, dass irgendjemand kommt und Herr V. aufstehen und weggehen muss. Aber es passiert nichts, und so macht er immer weiter. Seine Hand packt schließlich fest ihren Oberarm, die andere fasst in ihren Schritt. Susanne ist erstarrt vor Angst, sie kann auch nicht schreien – sie ist wie gelähmt. Ihr Hals ist wie zugeschnürt, sie bringt keinen Ton hervor. Herr V. greift Susanne unter den Pulli, seine Hand wandert über ihren Bauch bis zur Brust. Seine Griffe werden schlagartig brutal, er steht auf, reißt sie von dem Stuhl hoch und drückt sie gegen die Wand. Er sagt noch einmal: »Du willst doch sicher nicht, dass dein Pferd etwas frisst, woran es sterben könnte?« Dann öffnet er ihre Jeans, seine Hose ist schon unten. Es ist wie ein Albtraum, sie weint, aber er ignoriert es. Sie denkt: Wie kann mich der Mann vergewaltigen – er ist verheiratet und hat zwei Töchter, die nur wenige Jahre jünger sind als ich? Wieso macht ein Vater so etwas?

Dann ist es vorbei. Ihr Ausbilder lässt Susanne an der Wand stehen, zieht sich wieder an und sagt: »Wenn du deine Sachen wieder anhast, kannst du gehen. Und denk an dein Pferd! Also – zu niemandem ein Wort.« Sie zieht sich schnell an, ihr ganzer Körper ist ein einziger Schmerz. Sie packt ihre Tasche und rennt aus dem Betrieb. Direkt neben dem Gebäude ist eine große Wiese mit Sträuchern und Büschen. Sie steht bebend auf dieser Wiese, versucht zu atmen, übergibt sich. Dann geht sie zur Bushaltestelle und fährt nach Hause. Sie sagt ihren Eltern nur, dass sie nichts essen will, und stellt sich lange unter die Dusche. Ihre Stiefmutter dreht irgendwann die Sicherung raus, sodass plötzlich eiskaltes Wasser auf sie niederprasselt. Dabei sehnt sie sich nach Wärme. Sie geht in ihr Zimmer und verkriecht sich ins Bett, dort fühlt sie sich ein bisschen geborgen. Ihrem Vater und der Stiefmutter erzählt sie von all dem, was passiert ist, kein einziges Wort. Ihr Verhältnis ist nicht besonders gut. Schlafen kann sie nicht, sie hat am ganzen Körper Schmerzen. Hals, Arme, Bauch. Sie will aufschreiben, was ihr widerfahren ist, aber sie hat Angst, dass jemand ihre Zeilen finden könnte. Privatsphäre gibt es nicht in ihrem Elternhaus, alles wird ständig kontrolliert, jeder Winkel ihrer Schubladen wird regelmäßig durchsucht. Auch hier sind ihre Bedürfnisse und Wünsche nichts wert. So ist Susanne groß geworden. Das hat sie für ihr ganzes Leben geprägt.

Am nächsten Tag will Susanne nicht zur Arbeit gehen, sie hat noch immer Bauchschmerzen, und sie hat Angst. Aber ihr Vater sagt nur: »Stell dich nicht so an. Wegen so ein bisschen Bauchschmerzen musst du nicht hier liegen bleiben.«

Der Weg zu ihrem Ausbildungsbetrieb ist eine einzige Qual. Mehrmals muss sie sich auf der Strecke von der Bushaltestelle bis zur Firma erbrechen. Sie weiß gar nicht, ob aus Angst oder aus Ekel.

In Susannes Ausbildungszeit fällt ihr Vorgesetzter insgesamt fünfmal über sie her. Sie redet mit niemandem darüber. Sie zieht sich immer mehr in sich zurück, geht kaum noch aus und lässt niemanden an sich heran. Nur ihr Pferd Dragon gibt ihr das Gefühl, geliebt zu werden, ihm erzählt sie von all den schrecklichen Dingen, die ihr passieren.

Erst mit dem Ende ihrer Ausbildung und dem Wechsel in ein anderes Unternehmen hören die Übergriffe auf. Susanne versucht bis heute, mit den Vorfällen umzugehen und einen Weg zu finden, um ein besseres, glücklicheres Leben zu führen. Angezeigt hat sie ihren ehemaligen Vorgesetzten nicht – aus Scham.

Greta, 24 Jahre alt, vergewaltigt vom Bäckermeister

Mit achtzehn Jahren wird Greta von einem Vorgesetzten vergewaltigt. Sie arbeitet in einer Bäckerei, nichts hatte diesen Vorfall angekündigt, eigentlich arbeitete sie sehr gerne dort. Eines Tages sind sie und ihr älterer Kollege allein in der Backstube, die anderen kommen erst eine halbe Stunde später. Ohne ein Wort zu sagen, greift er Greta an, während sie den Teig für die Brötchen zubereitet. Sie ist ihm vollkommen ausgeliefert, körperlich so unterlegen, dass sie keine Chance hat, sich zu wehren. Sie schreit auf, er hält ihr den Mund zu, es ist sehr schnell vorbei. Danach verlässt er kurz die Backstube, es wird weitergearbeitet, als wäre nichts passiert. Immer wieder wird sie danach in den frühen Morgenstunden von ihm vergewaltigt, wenn sonst noch keiner da ist. Doch sie weiß nicht, wie sie sich wehren kann, zu wichtig ist es für sie, endlich einen Ausbildungsplatz zu haben. Der Bäckermeister kennt ihren Vater gut, und auch im Ort ist er ein Mann, der von allen gemocht wird. Keiner ahnt diese böse Seite an ihm. Wenn sie ihn bei Veranstaltungen in der Kleinstadt sieht, fragt er überfreundlich: »Wie geht es dir?« Einmal antwortet sie: »Ich verstehe nicht, warum du mich das fragst.« Er muss doch sehen, dass es mir scheiße geht, denkt Greta. Sie ist blass, wird dünner und dünner, die monatlichen Blutun-

gen dauern fast zwei Wochen. Er nimmt sie dann anal, weil er den »Schweinkram« nicht will. Einmal fragt er sie sogar: »Weißt du eigentlich, dass ich mit dir gehen will?« Wilde Panik ergreift sie. Die Vorstellung, dass er sie aufs Bett schmeißt und unentwegt in sie eindringt, lässt sie erschaudern. Er spuckt auf den Boden, als er ihr abweisendes Gesicht sieht. »Selbst schuld, wenn du nicht kapierst, was du an mir hast.«
Irgendwann schafft sie es, sich aus dieser Situation zu befreien. Sie findet eine andere Stelle und macht eine Ausbildung zur Friseurin. In dem Salon, in dem sie nun arbeitet, sind nur Frauen tätig. Bis heute fehlt Greta der Mut, den Bäckermeister anzuzeigen. Sie befürchtet, dass am Ende sie den schlechten Ruf haben wird und nicht der Täter.

Wo beginnt der sexuelle Übergriff, wer ist betroffen, und wie kann man sich schützen?

Sexuelle Belästigung am Arbeitsplatz ist ein verbreitetes Problem, mehr als ein Drittel der Frauen hat damit Erfahrung gemacht. Nach dem Antidiskriminierungsgesetz fallen darunter alle unerwünschten Annäherungsversuche, die sexueller Natur sind und sich an eine bestimmte Person richten. Dazu gehören:

• Sexuelle Anspielungen, obszöne Worte oder Gesten
• Aufdringliche Blicke
• Unerwünschte Briefe, SMS, E-Mails u. Ä. mit sexuellem Inhalt
• Das unerwünschte Zeigen oder Zusenden von Bildermaterial mit pornografischem Inhalt

61

- Sexualisierte Berührungen
- Die Androhung von sexueller Gewalt
- Sexuelle Gewalthandlungen

Die internationale Arbeitsorganisation ILO geht davon aus, dass in der EU zwischen 40 und 50 Prozent der Frauen im Beruf schon einmal sexuell belästigt wurden. Es gibt kaum Studien, die darüber Auskunft geben, wie häufig dies in welchen Branchen passiert und welche Formen der Nötigung Frauen erleben. Die Antidiskriminierungsstelle des Bundes wird offensichtlich nicht als Anlaufstelle von Betroffenen genutzt. Sie hat zwischen 2006 und 2017 gerade mal 360 Fälle dokumentiert. Das Fehlen aktueller repräsentativer Studien macht deutlich, was in der Vergangenheit von Politik und Wissenschaft versäumt wurde zu tun: belastbare Zahlen zu ermitteln über ein gesellschaftliches Problem, das ohne jeden Zweifel in hohem Maß existiert.

Die Zeitung »Die Zeit«, und das »Zeit Magazin«, die in dieser Debatte wichtige Arbeit leistet und unter anderem den Dieter-Wedel-Skandal aufgedeckt hat, befragte kürzlich seine Leserinnen, ob und in welcher Art sie sexuelle Bemerkungen am Arbeitsplatz erlebt hätten. Frauen aus fast allen Berufsgruppen – Ingenieurinnen, Ärztinnen, Verkäuferinnen, Angestellte im Öffentlichen Dienst, Frauen in der Automobilindustrie, Kellnerinnen und viele mehr – haben sich gemeldet. So schreibt eine 21-jährige Aushilfskraft: »Ein Kollege hat mir unters Arbeitshemd gefasst und mich dabei umarmt.« Als sie dies dem Chef gegenüber angemerkt habe, habe der sie von oben bis unten gemustert und geantwortet: »Ich kann verstehen, warum er das getan hat.«

Arbeitgeber sind verpflichtet, ihre Beschäftigten vor sexuellen Übergriffen zu schützen. Doch viele Frauen trauen sich nicht, sich zu beschweren, denn sie befürchten, danach nicht mehr ernst genommen zu werden und womöglich gerade deswegen Zielscheibe von Spott zu werden. Eine amerikanische Untersuchung kam zu dem Ergebnis, dass Frauen, die sich über sexistische Kommentare beschweren, weniger gemocht werden! Im Anhang finden Sie Beratungseinrichtungen wie das Hilfetelefon »Gewalt gegen Frauen«.

Die meisten Betroffenen berichten von Vorfällen zu Beginn ihres Berufslebens, also aus einer Zeit, in der sie noch jung und im Job unerfahren waren und auf einer niedrigen Hierarchiestufe standen. Fast immer sind es Vorgesetzte, die durch ihre Handlungen oder Bemerkungen junge Frauen herabwürdigen, eher selten passiert es unter gleichgestellten Kollegen. Es zeigt sich, dass Sexismus meist eine Frage von Macht ist. In Betrieben, in denen sowohl männliche als auch weibliche Vorgesetzte beschäftigt sind, finden sexistische Sprüche und auch sexuelle Übergriffe seltener statt. Unternehmen mit einem ausgeglichenen Anteil männlicher und weiblicher Führungskräfte haben außerdem nicht nur ein besseres Arbeitsklima, sie sind auch produktiver, das zeigen auch internationale Studien. Deswegen ist der gesellschaftliche Diskurs von großer Bedeutung und hat bereits jetzt – das ist meine persönliche Wahrnehmung in vielen Diskussionsrunden – merklich zu einer positiven Veränderung geführt. Seit Beginn der Sexismusdebatte und #MeToo-Bewegung diskutieren Männer und Frauen kenntnisreicher als zuvor. Mittlerweile geben viele an, dass sich ihre

Wahrnehmung des Problems auch im Arbeitsleben geändert habe und sie heute nicht nur erschüttert darüber seien, was Frauen offenbar ertragen müssen, sondern auch kritischer ihr eigenes Denken und Handeln prüfen.

Der Fremde

*»Zu viele Menschen äußern ihr Unverständnis darüber, dass die Taten jetzt erst angezeigt werden.
Das muss aufhören, wir brauchen viel mehr
Aufklärung darüber, was die Opfer durchmachen
und warum sie so lange geschwiegen haben.
Nämlich weil sie in ihrem Urvertrauen erschüttert
sind und weil ihnen oft nicht geglaubt wird.«*

Til Schweiger zum Fall Dieter Wedel

Wenn wir über Vergewaltigungen sprechen, denken wir
meist an den Fremden im Park, der Frauen hinter dem
Gebüsch auflauert. Es ist die schlecht beleuchtete Gegend, die uns Frauen Angst macht, der Weg spätabends
nach Hause, auf dem wir wachsam sind. Wir halten den
Hausschlüssel fest in der Faust, tragen vielleicht Reizgas in
der Handtasche, um im Fall der Fälle den Angreifer abzuwehren. Zumindest gibt es uns das Gefühl, gewappnet zu
sein. Und tatsächlich passieren diese Schreckensszenarien,
wir erfahren davon in den Nachrichten und lesen es in der
Zeitung. Im September 2017 zum Beispiel wird eine Joggerin im Leipziger Rosental brutal überfallen, zusammengeschlagen und vergewaltigt. Im April wurde ein junges
Paar beim Zelten in der Siegaue in Nordrhein-Westfalen
überfallen, mit einer Astsäge bedroht und die Frau daraufhin vom Täter vergewaltigt. Ebenfalls im vergangenen Jahr
wurde eine 39 Jahre alte Frau in Winsen, Niedersachsen,
morgens auf dem Weg zur Arbeit von einem 19-jährigen

Mann hinter der Stadthalle niedergeschlagen, vergewaltigt und ausgeraubt.

Und doch gehen nur 15 Prozent aller Sexualstrafdelikte auf das Konto sogenannter Fremdtäter. Die meisten Vergewaltigungen sind Beziehungstaten, oder die Täter gehören zum Arbeitsumfeld des Opfers, dem Freundes- und Bekanntenkreis oder zur Verwandtschaft. Die Frauen, die in diesem Kapitel zu Wort kommen, gehören zu den 15 Prozent. Sie haben den Albtraum im dunklen Park und nach dem Diskobesuch erlebt. Das, was sie beschreiben, klingt wie eine Szene aus einem Horrorfilm.

Vera, 19 Jahre alt, vergewaltigt im Park

Vera ist keine ängstliche junge Frau. Sie geht eigentlich davon aus, sich als Frau überall frei bewegen zu können, zumindest bis zum 14. November 2011. Es ist ein Montag, genau drei Monate nach ihrem neunzehnten Geburtstag. Sie hat einen langen Arbeitstag hinter sich, und da ihre Mutter und ihre drei Geschwister schon gegessen und ihr nichts übrig gelassen haben, entschließt sie sich, noch zum Supermarkt zu laufen und sich eine Pizza zu kaufen. Um kurz nach 20 Uhr geht sie von zu Hause los, gegen 20.30 Uhr verlässt sie den nahe gelegenen Supermarkt. Weil sie hungrig ist und nach Hause will, wählt sie die Abkürzung durch den Park.

Auf einmal hört sie merkwürdige Geräusche hinter sich, als würde sie verfolgt, als schleiche jemand hinter ihr her. Sie dreht sich um, da trifft sie ein Schlag mitten ins Gesicht, und sie fällt zu Boden. Als sie wieder zu sich kommt und versteht, was gerade passiert, treten und schlagen drei junge Männer auf sie ein. Sie wehrt sich, schreit, doch die Männer ziehen sie ins Gebüsch und lachen dabei laut. All das läuft ab wie in einem Film. Vera liegt weinend da und zittert am ganzen Körper. Zwei der Männer halten sie fest, der Dritte fasst ihr zwischen die Beine. Als sie erneut versucht, sich zu wehren, halten die Männer ihr ein Messer an den Hals. Sie hat Todesangst, liegt jetzt einfach nur da, ist wie gelähmt. Dann beginnen sie, Vera auszuziehen, fassen sie an die Brüste, begrapschen ihren Po, einer von ihnen schiebt seine Finger in ihre Scheide. Die anderen feuern ihren Kumpel an, während alle drei ihre Hosen öffnen.

Einer von ihnen packt ihren Kopf und drückt ihn an seinen Penis. Er will, dass sie den Mund aufmacht, und als sie sich weigert, bekommt sie einen Schlag ins Gesicht. Der gleiche Mann fängt an, Vera zu würgen. Schließlich öffnet sie den Mund, der Typ steckt seinen Penis hinein und bewegt ihren Kopf schnell hin und her. Vera sagt später: »Ich habe mich so geschämt, die ganze Zeit liefen mir Tränen übers Gesicht. Der zweite Mann packte meine Hand, befahl mir, seinen Penis anzufassen. Ich versuchte immer wieder, sie wegzuziehen, aber er war stärker. Wieder und wieder schlugen sie mich.«

Einer der Männer sagt: »Frauen sind solche Schlampen, sie haben es verdient, dass man ihnen so etwas antut.«

Der dritte Mann zieht die Finger aus ihrer Scheide, drückt ihre Beine mit Gewalt auseinander und schiebt seinen Penis in sie hinein. Erst fängt er langsam an, wird dann immer brutaler. Es ist extrem schmerzhaft. Vera verliert das Bewusstsein.

Irgendwann tauschen sie die »Positionen« mit den Worten: »Damit auch jeder auf seine Kosten kommt und jeder von uns gleich viel Spaß hat.«

Danach geht alles wieder von vorne los. Sie fordern Vera auf zu sagen, dass es ihr gefallen, dass sie es geil finden würde. »Ich habe nichts gesagt und bekam den nächsten Schlag auf den Kopf.« Einer der Männer vergewaltigt Vera anal und prahlt damit vor den anderen. Vera glaubt, dass sie vor Schmerz sterben muss, und wünscht sich fast, dass es passiert.

»Einer von den dreien, ich weiß nicht mehr, welcher es war, schnitt mir mit dem Messer in die Brüste, die Narben habe ich bis heute. Jeden Tag nach dem Duschen kann ich sie im Spiegel sehen.«

Immer wieder lachen die drei, schaukeln sich gegenseitig hoch. »Als sie dann endlich fertig waren, spuckten sie auf mich und liefen lachend davon. Es hat sich angefühlt, als hätte es mehrere Stunden gedauert.« Wie aus einem Reflex heraus sieht Vera auf ihre Armbanduhr – es ist Viertel nach neun, es sind fünfundvierzig Minuten gewesen.

Sie versucht, aufzustehen, der ganze Körper tut weh, sie zieht sich an und stolpert förmlich nach Hause.

»Dort bin ich sofort in mein Zimmer gegangen, um mich zu beruhigen, habe meine Klamotten auf einen Haufen gelegt und mich eine Ewigkeit unter die Dusche gestellt. Meine Mutter kam in mein Zimmer, sah mein geschwollenes Gesicht und fragte, was denn um Gottes willen passiert sei. Ich sagte ihr, dass ich zusammengeschlagen worden sei. Ich sagte ihr nichts von der Vergewaltigung, das brachte ich nicht über die Lippen, ich schämte mich viel zu sehr. Sofort wollte sie mit mir ins Krankenhaus fahren, doch ich weigerte mich. Aber wir sind noch am selben Abend zur Polizei gefahren. Mein Stiefvater war mit dabei, er wollte mich nicht allein lassen. Auf der Wache konnte ich auch nicht erzählen, dass man mich vergewaltigt hatte. Die Polizistin, die meine Anzeige gegen unbekannt aufnahm, sagte nur pampig, es sei schon sehr komisch, dass mir nichts gestohlen worden sei.«

»Mama«, sagt Vera zu ihrer Mutter, »bitte, lass uns nach Hause fahren.« Sie kann es ihr immer noch nicht erzählen. »Ich wusste, es hätte sie so traurig gemacht, sie wäre daran kaputtgegangen. Ich dachte: Ich bin doch jünger als sie, ich kann stärker sein als sie.«

Am 19. Dezember sucht Vera einen Frauenarzt auf, da sie Schmerzen hat. Bei der Untersuchung stellt sich heraus, dass sie in der fünften Woche schwanger ist. Vera kann nicht glauben, was der Arzt sagt. Sie hat sich immer Kinder gewünscht – aber doch nicht auf diesem Weg. Wochenlang quält sie sich, weiß nicht, was sie tun soll. Am 30. Januar 2012, also in der elften Schwangerschaftswoche, entscheidet sie sich für eine Abtreibung.

»Es war der Horror, die Vergewaltigung und die Abtreibung. Bis heute kann ich nicht verstehen, wie Menschen so etwas tun können. Wie hätten die Männer reagiert, wenn man so mit ihrer Schwester umgegangen wäre? Diese drei Typen haben mein Leben zerstört, und noch immer denke ich manchmal, dass es besser gewesen wäre, wenn sie mich getötet hätten. Tagelang will ich nicht schlafen, weil ich dann in meinen Träumen den Abend wieder und wieder durchlebe. Schreiend und schweißgebadet wache ich auf. Bis heute schäme ich mich, dass ich mich nicht wehren konnte und dass mir so etwas passiert ist.«

Erst im Mai 2015 kann Vera endlich ihrer Mutter von der Vergewaltigung erzählen. Bis dahin hat sie versucht, all das mit sich selbst auszumachen.

Emma, 18 Jahre, vergewaltigt an der Bushaltestelle

Es ist Fasching, Emma ist achtzehn und mit einer Gruppe Jugendlicher unterwegs. Alle sind verkleidet, es ist ein lustiger Abend, es wird viel getanzt und viel getrunken – nüchtern ist keiner mehr, als sich die Freunde voneinander verabschieden, um nach Hause zu gehen. Emma wartet an einer Haltestelle auf ihren Bus; mit ihr steht noch ein Mann dort, den sie nicht kennt. Er spricht Emma an, kommt viel zu nah und bedrängt sie. Emma geht auf Abstand und sieht sich panisch nach anderen Leuten um, aber da ist sonst keiner. Sie will gerade um Hilfe rufen, als der Mann sie plötzlich ins Gebüsch zieht. Sie wehrt sich, merkt aber, dass sie zu viel Alkohol getrunken hat und deswegen fast wehrlos ist. Sie kann kaum einen klaren Gedanken fassen und hat nicht genug Kraft, sich aus dem brutalen Griff des Angreifers zu befreien. Er drückt ihren Kopf und Hals in den Boden und vergewaltigt Emma dann.

Viele Jahre hat Emma mit niemand darüber gesprochen. Es plagen sie große Schuldgefühle. »Wieso hast du das überhaupt zulassen können?«, fragt sie sich. Sie fühlt sich schrecklich, entwürdigt, voller Scham über das, was passiert ist. Durch diesen Vorfall an der Bushaltestelle bricht etwas in ihr auf. Sie war schon vorher in keiner stabilen psychischen Verfassung, hatte oft das Gefühl, vor irgendetwas auf der Flucht zu sein, fühlte sich nirgendwo zu Hause. Auch leidet sie seit Jahren unter Essstörungen. Nun plötzlich tauchen in ihrem Kopf Erinnerungsfragmente auf, Szenen aus ihrer Kindheit. Sie kann selbst nicht verstehen, wie sie »vergessen« konnte, was ihr zu Hause widerfahren ist. Denn jetzt erinnert sie sich, dass schon der Lebensgefährte ihrer Mutter sie mehrmals vergewaltigt hat, als sie ungefähr 13 Jahre alt war. Damals hat sie es offenbar einfach weggeschoben. Emma geht zum ersten Mal in ihrem Leben zu einem Therapeuten und erzählt von den Vorfällen. Er diagnostiziert bei ihr eine dissoziative Identitätsstörung. Dabei spalten Betroffene einen Teil von sich ab, um auf diese Weise keine Erinnerungen mehr an traumatische Erlebnisse zu haben. Der Stiefvater hat ihr immer gedroht, dass ihr niemand glauben würde, auch ihre eigene Mutter nicht. Emma fühlt sich nicht mehr in der Lage, ein eigenständiges Leben zu führen. Auf eigenen Wunsch begibt sie sich in die Psychiatrie und bleibt dort drei Jahre lang. Heute lebt Emma in einer kleinen Wohnung und hat es geschafft, das eigene Leben zurückzugewinnen. Darauf ist sie sehr stolz. Über die Vorkommnisse in ihrer Vergangenheit spricht sie fast nie.

Die Anzeige

Die überwältigende Mehrheit der Vergewaltigungsopfer geht nach der Tat nicht zur Polizei und zeigt auch später die Tat nicht an. Nur etwa fünf Prozent der Opfer erstatten Anzeige. Offizielle Kriminalstatistiken geben also nur einen vagen Anhaltspunkt. Deswegen führt die Polizei regelmäßig Befragungen der Bürger durch, um den Unterschied zwischen polizeilich erfassten und tatsächlich geschehenen Straftaten zu ermitteln. Das Ergebnis ist besonders im Bereich der sexuellen Gewalt für die Polizei ernüchternd. Bei einer der letzten Befragungen wurden 2014 in Niedersachsen nur etwa sieben Prozent der Sexualdelikte angezeigt. Zum Vergleich: Bei Autodiebstählen betrug der Wert im selben Zeitraum 94 Prozent.

Warum aber entscheidet sich eine so große Zahl an Opfern dafür, die Tat nicht anzuzeigen? Viele empfinden schon bei dem Gedanken an das, was passiert ist, große Scham, und noch mehr, wenn sie die Handlungen vor einem Polizeibeamten in Worte fassen müssten. Frauen befürchten, dass man ihnen nicht glaubt, denn meist gibt es keine Zeugen und nur sehr wenig Beweise. Selbst wenn wie im Fall von Vera der Körper Verletzungen und Spermaspuren aufweist: Bis sich die Opfer entschließen, die Tat anzuzeigen, vergehen meist viele Tage, Wochen, manchmal sogar Jahre. Direkt nach einer Tat ist der Gang zur Polizei für fast alle Opfer unvorstellbar. Sie denken schlicht nicht daran, möchten mit niemandem über die entwürdigenden Vorkommnisse sprechen. Monate oder Jahre später ist es dann für eine gerichtsmedizinische Beweisaufnahme zu spät.

Außerdem haben viele Angst, dass man sie der Lüge bezichtigt. Denn oft haben selbst Familienangehörige wie die eigene Mutter den Betroffenen nicht geglaubt, warum sollte es dann ein Fremder tun? Viele Frauen schweigen auch, weil sie befürchten, dass ein Bekanntwerden der Tat am allermeisten ihnen selbst schaden würde. Sie schämen sich, fühlen sich beschmutzt – und gehen automatisch davon aus, dass andere sie ebenso sehen. Hinzu kommt: Das Vertrauen in unser Rechtssystem ist bei vielen Betroffenen nicht groß. Sie sagen sich, dass eine Anzeige die Tat auch nicht rückgängig machen würde, und befürchten, dass es am Ende nichts bringt: »Der bekommt doch, wenn überhaupt, nur Bewährung, der ist bald wieder auf freiem Fuß.« Tatsächlich landet von den gerade mal fünf Prozent der Vergewaltigungstaten, die angezeigt werden, nur ein Bruchteil vor Gericht. Und von diesen vor Gericht verhandelten Sexualstrafdelikten enden im Durchschnitt nur acht Prozent mit einer Verurteilung.

Eine Anzeige selbst viele Jahre nach der Tat kann jedoch einen positiven Effekt haben für die Verarbeitung der Tat. »Viele Frauen haben mir das Feedback gegeben, dass sie dadurch aus der Opferrolle herausgekommen sind«, sagt Esther Papp, Kriminalhauptkommissarin und Beauftragte der Polizei für Kriminalitätsopfer in München. »Die Strafanzeige hat ihnen Kraft gegeben, weil sie die Erfahrung gemacht haben, sich gewehrt zu haben. Selbst dann, wenn ein Verfahren von der Staatsanwaltschaft eingestellt wurde.«

Früher wurde die Vernehmung fast immer durch männliche Kollegen durchgeführt, was leider oft dazu führte, dass Frauen sich im Verlauf abwertende Kommentare anhören mussten. Eine hochrangige Berliner Polizeibeamtin erzählte mir im Laufe meiner Recherche, dass sie selbst als junge Polizeibeamtin auf dem Nachhauseweg vom Dienst Opfer sexueller Gewalt geworden war. Kurz danach ist sie zurück zur Wache gegangen und hat den Vorfall bei einem Kollegen zur Anzeige gebracht. Seine erste Frage lautete: »Was hattest du denn an?«

Diese kleine Begebenheit zeigt, wie noch vor wenigen Jahren selbst in offiziellen Stellen über betroffene vergewaltigte Frauen geurteilt wurde und wie sie manchmal schon bei der Befragung herabgewürdigt wurden. Erlebnisse dieser Art haben mir zahlreiche andere Frauen berichtet. Heute ist ein größeres Bewusstsein bei der Polizei vorhanden. Viele Abläufe wurden in den vergangenen Jahren reformiert und Beamte auf diese Situation geschult. Wenn möglich werden heute die Befragungen bei einem Sexualdelikt durch weibliche Polizisten durchgeführt.

Eine Anzeige gegen den eigenen Partner fällt Frauen aus unterschiedlichen Gründen schwer. Viele können es nicht mit sich vereinbaren, den Ehemann anzuzeigen, schließlich entwerten sie damit auch ihr eigenes Leben. Die Partnerschaft wird damit meist von einem Tag auf den anderen Tag beendet sein. Aus der Sicht der betroffenen Frauen hat eine Anzeige darüber hinaus oft wenig Sinn. Viele sagten mir: »Die Anzeige ist mir nicht so wichtig, ich will, dass es mir gut geht.«

Die Polizei bittet jedoch immer wieder, jede Vergewaltigung anzuzeigen. Denn mit jeder Anzeige, selbst wenn das Verfahren nicht zu einer Verurteilung führt, wird ein Sexualtäter aktenkundig. Bei einem wiederholten Vergehen wird es leichter sein, den Täter zu verurteilen. Je mehr Anzeigen es gibt, umso klarer ist auch das gesellschaftliche Bild und das Bewusstsein über diese Taten.

Betroffene Frauen sollten wissen, dass sie eine Anzeige bei einer Straftat wie einer Vergewaltigung nicht rückgängig machen können. Die Beamten sind verpflichtet, der Tat nachzugehen. Opfer können später vor Gericht nur ihre Aussage zurückziehen und von ihrem Zeugenverweigerungsrecht Gebrauch machen. Das kann dazu führen, dass dies zum Vorteil des Täters ausgelegt wird. Für Polizei und Justiz erschwert eine spätere Aussagenverweigerung die Wahrheitsfindung.

Wie eine Gerichtsverhandlung abläuft, was Opfer dort erwartet und wo Betroffene Unterstützung für ein Strafverfahren bekommen können, beleuchten wir in Kapitel 8.

Der Gang zur Polizei. Mein Selbstversuch

Um selbst zu erfahren, was Frauen erleben, die einen sexuellen Übergriff anzeigen, entschließe ich mich, meine eigene Erfahrung mit sexueller Gewalt, die ich im Alter von 19 Jahren machen musste, bei der Polizei zu melden. Mir ist bewusst, dass der Vorfall schon viele Jahre zurückliegt. Aber genau das entspricht sehr häufig der Realität anderer Betroffener. Opfer – Männer genauso wie Frauen – tragen die Taten Jahrzehnte mit sich herum, haben sie vielleicht lange Zeit verdrängt und entschließen sich erst spät, den Täter zur Rechenschaft zu ziehen, manchmal vor allem, um selbst Frieden in ihrem Leben zu finden.

Für meine Recherchen treffe ich also die Polizeibeamten Sandra Cegla und Torsten Riekö in Berlin. Sandra Cegla war vierzehn Jahre lang bei der Berliner Polizei tätig, führte als Kriminalkommissarin zahlreiche Ermittlungsverfahren und leitete Einsätze. Sie hat heute eine eigene Agentur mit einem interdisziplinären Expertennetzwerk gegründet (»SOS-Stalking«), weil sie die Ohnmacht und Schutzlosigkeit der Opfer nicht mehr losgelassen haben. Torsten Riekö ist LKA-Beamter.

Ich sitze den beiden in einem Vernehmungsraum gegenüber und bemerke bei mir ein leicht beklemmendes Gefühl. Obwohl es schon so lange zurückliegt, fühlt es sich seltsam an, Details dieses Erlebnisses nun zu offenbaren.

Frau Cegla, ich schätze sie auf Mitte dreißig, erklärt mir, dass sie die Befragung leiten und ihr Kollege alles protokollieren und bei Unklarheiten nachfragen wird. Sie sagt: »Grundsätzlich sind Sie hier als Zeugin in einem Ermittlungsverfahren, das heißt, Sie müssen die Wahrheit sagen. Tun Sie das nicht, können Sie sich selbst strafbar machen.«

Nun werden meine Personalien aufgenommen, und ich erkläre, dass ich mit dem Täter weder verwandt noch verschwägert bin. Ich berichte den beiden Beamten, was damals während des Fotoshootings geschah. Nach den eigentlichen Aufnahmen und schon im Gehen stürzte sich der Fotograf – ein Student einer Medienakademie – auf mich, schubste mich aufs Bett, stemmte sich mit seinem ganzen Körper auf meine Schultern und küsste und begrapschte mich. Ich stand damals wie unter Schock, daran erinnere ich mich noch genau. Das alles beschreibe ich den beiden. Sie lassen mich eine Skizze vom Tatort anfertigen, damit sie sich ein genaueres Bild von der Tat und ihrem Ablauf machen können. Ich erinnere mich nicht an alle Details, habe aber selbst nach über 20 Jahren ein erstaunlich gutes Bild von diesem Studio bzw. der Wohnung des Mannes in Erinnerung. Immer wieder fragt die Polizeibeamtin nach, immer wieder soll ich Details beschreiben: »Wie saß er auf Ihnen? Glauben Sie, dass Sie irgendwelche Signale ausgesandt haben, dass Sie den Täter ermuntert haben? Wo stand das Bett? Wo war der Ausgang?« Ich wundere mich, dass ich ein und dasselbe mehrmals erzählen muss. Glauben mir die Beamten vielleicht nicht?

Die Vernehmung dauert über eine Stunde – in anderen Fällen kann sie sich über mehrere Stunden ziehen. Die Ermittler wollen dabei alles im Detail erfahren, um die Frauen möglichst nur einmal befragen zu müssen. So soll verhindert werden, dass hinterher für die Anklage wichtige Fakten fehlen und das Opfer unter Umständen noch einmal befragt werden muss. Die beiden Beamten sind sehr freundlich, aber sachlich und bestimmt. Sie erklären mir, warum sie sich den Ablauf mehrmals berichten lassen: »Die Zeugin muss das Geschehene einmal chronologisch erzählen, dann von hinten nach vorne und schließlich immer wieder einzelne Situationen. Dies dient der Wahrheitsfindung, denn wenn Menschen sich einen Tathergang ausgedacht haben, verstricken sie sich normalerweise in Ungereimtheiten.«

Ich denke an mein Gespräch mit dem Traumatherapeuten Michael Kopper (siehe Kapitel 9). Menschen, die ein traumatisches Erlebnis hatten, erinnern sich oft nur an Bruchteile. Auch können sich Erinnerungen im Laufe der Zeit verändern. Das passt nicht ganz zu der Aussage der Polizisten und der Annahme der Polizei, wer schwammige Erinnerungen habe, der sage die Unwahrheit. Ich halte diesen Aspekt der Vernehmung für reformbedürftig.

Natürlich kann eine Frau alles erfinden, um einen Mann fälschlicherweise zu belasten. Aber wie häufig kommt das vor? Die beiden Beamten können mir keine Zahlen nennen, sagen aber, dass dies nicht der Normalfall ist. Natürlich ist das in jedem einzelnen Fall für den zu Unrecht Beschuldigten eine Katastrophe, und oft ist der Ruf des Mannes trotz Freispruchs dauerhaft beschädigt. Aber in der Öffentlichkeit wird die Häufigkeit solcher Falschbeschuldigungen überschätzt. In Wahrheit passiert dies extrem selten im Vergleich zu tatsächlich geschehenen Vergewaltigungen.

Am Ende muss ich meine Aussage noch einmal durchlesen, unterschreiben und darf anschließend den Raum verlassen. Ich bin erschöpft durch die Vernehmung und stelle mir vor, wie es Frauen ergehen mag, die weit Schlimmeres durchlitten haben. So entwürdigende Taten zu beschreiben, wie sie beispielsweise Vera erlebt hat, muss extrem belastend sein. Wenn dann die Beamten immer wieder Details abfragen und nachhaken, ob man nicht doch Signale ausgesandt habe, die den Täter ermuntert haben könnten, kann das als verletzend empfunden werden. Darin liegt wohl begründet, dass viele Frauen den Gang zur Polizei negativ abgespeichert haben. Wenn man als Betroffene jedoch weiß, warum die Befragung auf diese Weise durchgeführt wird und dass die Wiederholungen nicht Ausdruck von Misstrauen, sondern ein standardisiertes Verfahren sind, können Opfer damit sicher besser umgehen.

Das rät die Polizei nach einem sexuellen Übergriff

Die Tat sollte so bald wie möglich bei einer Polizeidienststelle angezeigt werden; über die 110 kann auch ein Streifenwagen gerufen werden. Die Beamten nehmen die Personalien auf sowie Angaben über Tatort, Tatzeit, Täter und erste Hinweise zur Tat. Detaillierte Auskünfte zur Tat werden in einer späteren ausführlichen Vernehmung von der Kriminalpolizei erfragt. Soweit möglich und von der Betroffenen erwünscht, führt die Vernehmung eine Kriminalbeamtin durch. Man sollte sich darauf vorbereiten, dass auch Fragen gestellt werden, die die Intimsphäre betreffen.

Bei der Vernehmung kann eine Vertrauensperson oder ein Anwalt beziehungsweise eine Anwältin anwesend sein. Die Anzeige ist auch schriftlich direkt an die Staatsanwaltschaft oder durch den Anwalt möglich.

Wenn zu diesem Zeitpunkt noch keine ärztliche Untersuchung stattgefunden hat, wird man von der Polizei in ein Krankenhaus oder eine ärztliche Praxis gefahren. Dort wird man eine Erstversorgung erhalten, und es werden gerichtliche Beweise gesichert. Deswegen sollte man zuvor nicht duschen. Auch hier ist es möglich, darum zu bitten, von einer Frau untersucht zu werden.

Sollte man sich nicht sofort zu einer Anzeige entschließen, rät die Polizei dringend:

- Keine Beweismittel vernichten! Bekleidung, Wäsche, Laken, Gegenstände, mit denen der Täter in Berührung gekommen ist, sollten aufbewahrt werden.
- Zum Arzt gehen und Verletzungen bzw. Spuren dokumentieren lassen.
- Die Kleidung nicht reinigen. Den Tatort so belassen.
- Ein Gedächtnisprotokoll erstellen und schriftlich den Tathergang festhalten.

Auch wenn zunächst keine Anzeige gewünscht ist, können Spuren der Gewalttat anonym und gerichtsverwertbar in einem Krankenhaus oder rechtsmedizinischen Institut gesichert werden.

Das ist neu im Sexualstrafrecht

Seit Juli 2016 gibt es ein reformiertes Sexualstrafrecht. Die massenhaften Übergriffe in der Silvesternacht 2015/2016 im Bereich des Kölner Hauptbahnhofs hatten erneut die Diskussion um die Frage entfacht, wie Straftaten gegen die sexuelle Selbstbestimmung in Zukunft bewertet und geahndet werden sollten. Als Folge davon ist ein deutlich verschärftes Sexualstrafrecht in Kraft getreten, um sexuelle Gewalt leichter zu ahnden. Die Reform umfasst insgesamt drei Punkte:

1. Es gilt nun der Grundsatz »Nein heißt Nein«, geregelt im § 177 StGB. Wenn sich der Täter über den »erkennbaren Willen« des Opfers hinwegsetzt, macht er sich strafbar. Vor 2016 musste nachgewiesen werden, dass sich das Opfer bei nicht einvernehmlichen sexuellen Handlungen aktiv zur Wehr gesetzt hatte oder der Täter Gewalt ausgeübt oder angedroht hatte. In Zukunft können auch Fälle, in denen »das Opfer aufgrund der überraschenden Handlungen des Täters keinen Widerstand leisten kann oder wenn das Opfer nur aus Furcht von Widerstand absieht«, verfolgt werden. Besondere Umstände wie Drohung, Gewaltanwendung oder das Ausnutzen einer schutzlosen Lage, also einer ausweglosen Situation, braucht es dafür jetzt nicht mehr unbedingt. Es drohen in diesen Fällen bis zu fünf Jahre Freiheitsstrafe.

2. Neu hinzugekommen ist der Straftatbestand sexueller Angriffe aus einer Gruppe heraus. Das heißt: Wenn Sexualstraftaten in Gemeinschaft begangen werden, dann sollen dafür alle Teilnehmer der Gruppe belangt werden können – zu rechnen ist mit einer Freiheitsstrafe von bis zu zwei Jahren. Dieser Punkt ist bislang umstritten. Die Grünen-Politikerin Renate Künast sagt dazu: »Niemand darf wegen einer Sexualstraftat verurteilt werden, die er selbst nicht begeht. Das können wir nicht unterstützen.« Die Praxis wird hier zeigen, wie der neue Paragraf angewandt wird.

3. Ebenso neu ist, dass das Grapschen an Busen und Po zum Tatbestand wurde. Bislang war Betatschen einer bekleideten Person unter »Beleidigung« subsumiert und nicht als Straftat definiert. In § 184i StGB heißt es jetzt: »Wer eine andere Person in sexuell bestimmter Weise körperlich berührt und dadurch belästigt, wird mit einer

Freiheitsstrafe von bis zu zwei Jahren oder mit Geldstrafe bestraft.«

Nach dieser Gesetzesänderung kam es zu einem explosionsartigen Anstieg von Strafanzeigen. Noch ist nicht endgültig klar, ob dies an der veränderten Gesetzeslage liegt oder an einem erhöhten Aufkommen dieser Straftaten. Durch das neue Sexualstrafrecht können nun eben auch Fälle erfasst werden, die vorher ungeahndet blieben, weil sich das Opfer etwa im Schockzustand befand, also »starr vor Angst« war oder aus anderen Gründen keine Abwehrreaktionen zeigte. In diesen Fällen waren der Polizei und der Staatsanwaltschaft früher die Hände gebunden. Der Bundesverband Frauenberatungsstellen und Frauennotrufe (bff) hat typische Konstellationen zusammengestellt, bei denen bislang Schutzlücken bestanden. Katja Grieger, Geschäftsführerin des bff, gibt folgendes Beispiel: »Wir hatten immer wieder mit Fällen zu tun, wo Frauen gesagt haben, ich habe geweint, ich habe gefleht, ich habe gewimmert, ich habe gesagt, hör auf, lass das. Aber es gibt auch Frauen, die sagen: ›Ich habe nicht laut geschrien, weil meine Kinder im Nachbarzimmer geschlafen haben, und ich wollte nicht, dass sie mich in so einer Situation sehen.‹ Hinterher haben sie das dann angezeigt, und das Verfahren wurde eingestellt mit der Begründung, sie hätten ja nur Nein gesagt, statt sich zu wehren, und das wäre in Deutschland nicht strafbar.«

Wenn die Partynacht
zum Albtraum wird

»Ich habe gedacht, ich sei Dreck.«

Anonym

Egal, wie viel man getrunken hat, egal, wie benebelt man
ist, niemand hat das Recht, gegen den Willen eines anderen sexuelle Handlungen zu vollziehen! Damit ist
eigentlich schon alles gesagt. Und doch muss hier mit
Vorurteilen aufgeräumt werden, die noch immer in den
Köpfen existieren und die sogar Betroffene selbst haben:
»Ich kann den nicht anzeigen, ich war doch betrunken!« –
»Wer zusammen gefeiert hat, kann hinterher nicht be-
haupten, gegen seinen Willen Sex gehabt zu haben.« An-
gesichts solcher Aussagen möchte man am liebsten laut
»Geht's noch?« schreien, denn das eine hat selbstverständlich nichts mit dem anderen zu tun! Selbst wenn man den
Abend zusammen verbracht hat, gefeiert, geflirtet, vielleicht sogar begonnen hat, Zärtlichkeiten auszutauschen,
gibt das niemandem das Recht, Sex einzufordern. Die
Polizei schreibt hierzu auf ihrer Beratungs-Website: »Jede
Person hat das Recht, an jedem Punkt einer Begegnung
Nein zu sagen, an dem sie sich unwohl fühlt. Es gibt kein
›zu früh‹ und kein ›zu spät‹. Der Täter/die Täterin muss
nur deutlich erkennen können, dass die sexuellen Handlungen nicht erwünscht sind.« In liebevollen, gesunden

Beziehungen ist das eine Selbstverständlichkeit. Der eine hat Lust darauf, miteinander zu schlafen, der andere stellt aber fest, dass er nicht so recht »in Stimmung kommt«. Dann lässt man es eben und macht ein andermal weiter. Ein völlig normaler Vorgang und Zeichen von Zuneigung und Respekt. Es ist völlig absurd, dass missbrauchten Frauen dieses normale Verhalten oft abgesprochen wird, übrigens sogar vor Gericht.

Nicht immer aber hat man die Möglichkeit, ein Nein zu äußern. Ein großes Problem der heutigen Zeit besonders für junge Frauen sind K.-o.-Tropfen. Was früher als Horrormärchen erzählt und abgetan wurde, stellt heute durch die einfache Beschaffung der Substanzen über das Internet eine echte Gefahr im Nachtleben dar. Da schmeißt ein Unbekannter eine Runde, oder man hat sein Glas kurz unbeobachtet an der Bar abgestellt, und schon ist das Zeug im Getränk. Man schmeckt noch nicht mal einen Unterschied, denn die meisten Substanzen sind farb- und geruchlos. Nach 10 bis 20 Minuten bemerken die Betroffenen zuerst so etwas wie eine Euphorie, dann folgen Übelkeit, Schwindel und plötzliche Schläfrigkeit.

Manche verabreichen ihren ahnungslosen Opfern K.-o.-Tropfen, um die Wirkung zu beobachten und sich darüber lustig zu machen. Andere setzen die Tropfen gezielt ein, um ihr Opfer zu berauben oder zu vergewaltigen. Das Schlimme ist: Die betäubten Frauen bemerken anschließend nur, dass sie einen Filmriss hatten, haben aber keine Erinnerung daran, was mit ihnen in der Zwischenzeit passiert ist. Diese mangelnde Erinnerungsfähigkeit wird durch GHB (Gammahydroxybutyrat) und GBL (Gamma-Butyrolacton) verursacht, die neben vielen anderen Substanzen mit Abstand am häufigsten als K.-o.-Tropfen verwendet werden. Wenn gleichzeitig andere Drogen oder Alkohol konsumiert werden, kann die Kombination schwere gesundheitliche Schäden nach sich ziehen. Viele Opfer können lediglich anhand der körperlichen Schmerzen oder Verletzungen erahnen, dass sie sexuell missbraucht wurden. Und da K.-o.-Tropfen nur bis zu sechs Stunden im Blut und etwa zwölf Stunden im Urin nachweisbar sind, ist es für eine Beweisaufnahme dann oft schon zu spät.

Miriam, 24 Jahre alt, vergewaltigt auf einem Musik-Festival

Im August 2015 fährt Miriam mit ihrer Freundin Janine zum Highfield-Festival am Störmthaler See in der Nähe von Leipzig. Jedes Jahr findet dort das Indie-Rock-Festival statt, die beiden freuen sich seit Monaten darauf. Miriam schickt ihrem Freund Tom noch eine SMS: »Hey Schatz. Endlich geht's ins Mädelswochenende. Mach dir keine Sorgen. Wir passen auf uns auf!«

Nach zwei Stunden Anreise mit Bahn und Bus sind die Mädels endlich da und mit ihnen 25 000 andere junge Leuten, die alle dasselbe wollen: feiern, Musik hören, tanzen, das Leben genießen. Janine trifft dort eine Gruppe von Jungs, die ihnen einen Platz für ihr Zelt reserviert haben. Miriam kennt noch keinen von ihnen, aber alle sind supernett und machen einen sehr sympathischen Eindruck. Sie macht trotzdem gleich zu Anfang klar, dass sie einen Freund hat, damit gar nicht erst einer auf die Idee kommt, mehr als freundschaftliches Interesse an ihr zu entwickeln.

Alle sind bester Laune, am Abend wird ein bisschen was getrunken. Miriam verträgt nicht besonders viel, und eigentlich schmeckt ihr Alkohol sowieso nicht. Um keine Spaßbremse zu sein, trinkt sie ein wenig mit. Gegen zwei Uhr nachts ist sie schlagartig hundemüde, verabschiedet sich und verschwindet ins Mädelszelt. Janine feiert noch weiter mit den anderen, doch Miriam fühlt sich wie ausgeknockt und schiebt das auf die lange Fahrt und das heiße Wetter.

Gegen halb sieben wacht Miriam mit Kopfschmerzen auf. Ihr ist übel, sie weiß erst gar nicht, wo sie ist. Als sie sich umschaut, sieht sie ihre Freundin weinend neben sich sitzen.

»Was ist denn los?«, fragt Miriam. »Ist etwas Schlimmes passiert?«

Janine erzählt unter Tränen, was in den letzten Stunden geschehen ist: Sie ging zu einem der Jungen ins Zelt, hatte dann aber ein komisches Bauchgefühl und das Bedürfnis, nach ihrer Freundin Miri zu schauen. Zuerst hat sie das Zelt nicht aufbekommen, jemand hielt es von innen zusammen. Sie hat geschrien und dann den Reißverschluss vom Zelt endlich öffnen können. Dann sah sie einen der Jungen aus der Gruppe nackt auf Miriam liegen. Miriam selbst lag auf dem Rücken, zur Hälfte unbekleidet, und zeigte keinerlei Reaktion. Ein furchtbarer Anblick! Janine schrie den Typen an, er solle aufhören, schlug auf seinen Rücken und zog ihn aus dem Zelt. Dann versuchte sie, ihre Freundin wach zu bekommen, doch Miriams Augenlider zitterten bloß, während sie wirres Zeug stammelte. Ein Kondom lag neben der Matratze im Zelt, angewidert warf sie es hinaus. Sie war so geschockt, dass sie gar nicht daran dachte, Hilfe zu holen, zumal sie Miriam nicht allein lassen wollte. Sie saß einfach neben ihrer Freundin und wartete, bis diese aufwachen würde.

Miriam hört sich alles an und denkt im ersten Moment, Janine müsse das alles geträumt haben. Sie hat keine Erinnerung an irgendetwas aus dieser Erzählung, doch dann bemerkt sie, dass sie keinen Slip und auch keine Jogginghose trägt. Kann das alles wahr sein? Ein schreckliches Gefühl macht sich in ihr breit. Was, wenn Janine nicht fantasiert und sie wirklich im Delirium von einem Mann vergewaltigt worden ist?

Die beiden Frauen gehen zum Erste-Hilfe-Zelt, wo Janine ihre Beobachtungen einer Security-Mitarbeiterin schildert. Die Frau ist sehr einfühlsam und bringt Miriam zu einem Sanitäter, der sie sofort untersucht und ihr eine Infusion zur Beruhigung gibt. Jetzt kommt Angst in Miriam auf. Was hat dieser Typ mit ihr gemacht?

»Wir müssen die Polizei verständigen«, sagt der Sanitäter.

Zuerst möchte Miriam das eigentlich nicht, lässt sich dann aber überzeugen. Den zwei weiblichen Kripobeamten, die kurz darauf eintreffen, erzählen die beiden jungen Frauen noch einmal, was seit gestern Abend vorgefallen ist. Die Polizistinnen lassen sich das Zelt der Frauen zeigen und dann das der Jungs. Janine erkennt den Typen sofort, der Miri vergewaltigt hat. Er liegt seelenruhig in seinem Zelt, als ob nichts gewesen wäre.

Die Beamtinnen ziehen ihn aus dem Zelt, nehmen ihn mit und übergeben ihn an Kollegen, die die Polizistinnen hinzugerufen haben. Gemeinsam mit Miriam fahren sie ins Krankenhaus, in der gynäkologischen Abteilung wird sie untersucht. Sie muss sich komplett ausziehen, vor eine weiße Wand stellen, dann werden Fotos von ihr aus unterschiedlichen Perspektiven gemacht. Die beiden Kripobeamtinnen sind die ganze Zeit anwesend, sie sind freundlich, aber Miriam fühlt sich bloßgestellt, fast wie ein Stück Fleisch, das von allen Seiten begutachtet wird.

Die Gynäkologin stellt innere Verletzungen fest und Blutungen im Intimbereich; Abstriche werden gemacht, auch dies geschieht im Beisein der zwei Beamtinnen. Abermals muss sie alles erzählen, in sämtlichen Einzelheiten, obwohl sie sich an nichts erinnern und nur das wiedergeben kann, was ihre Freundin Janine beobachtet hat. Es wird ein Alkoholtest durchgeführt, der ergibt 0,1 Promille. Sie hat also tatsächlich fast nichts getrunken. Dann wird ihr Blut abgenommen, es soll auf K.-o.-Tropfen getestet werden. Nach ungefähr vier Stunden wird sie aus der Klinik entlassen. Ihre Freundin Janine durfte nicht mit zur Untersuchung kommen; so war sie dieser Situation komplett allein ausgesetzt.

Die Kripobeamtinnen bringen Miriam anschließend zurück zum Festivalgelände, wegen der Spurensicherung muss sie ihre Kleidung abgeben. Ihr Zelt ist abgesperrt mit einem Polizeiband, sie darf nur kurz rein, um Kleidung zum Wechseln zu holen. Die Spurensicherer nehmen ihren Schlafsack mit, eine Decke und die Isomatte.

Miriam und Janine wissen erst nicht, was sie nun tun sollen. Miriam fühlt sich elend, aber noch immer fehlt ihr jegliche Erinnerung an das, was in der Nacht passiert ist. Sollen sie bleiben oder nach Hause fahren? Sie entschließen sich, die Heimreise anzutreten. Miriam ruft ihren Freund Tom an und bittet ihn, sie und Janine abzuholen. Er versteht nicht, wieso sie denn schon nach Hause wollen. Sie sagen erst einmal, dass sie beide einen Sonnenstich hätten. Während sie auf Toms Ankunft warten, überlegt Miriam, wie sie »die Sache« ihrem Partner beibringen soll. Wie wird er es aufnehmen?

Nach anderthalb Stunden taucht Tom mit einem Freund auf, sie sind schnell gefahren. Tom hat die Geschichte mit dem Sonnenstich nicht so recht geglaubt, deswegen hat er Unterstützung mitgebracht. Er steigt aus dem Auto und läuft auf Miriam zu – sie bricht sofort in seinem Arm zusammen. Seine Ahnung war also richtig, hier stimmt etwas ganz und gar nicht. Die Freundin Janine neben ihm weint und sagt nur einen einzigen Satz: »Er hat sie angefasst.«

Schweigend fahren sie alle zurück. Zu Hause angekommen, wird Janine von ihrer Mutter abgeholt, Tom und Miriam gehen in ihre Wohnung, keiner von beiden bringt ein Wort hervor. Tom setzt sich aufs Bett, nimmt seine Freundin in den Arm und fängt an zu weinen. Miriam selbst kann nicht weinen, auch nichts erklären. Sie fühlt sich wie ein Stein, sie verspürt in diesem Moment keinerlei Emotionen.

Den Rest des Wochenendes verschanzt sich Miriam im Bett, Tom kümmert sich liebevoll um sie, aber sie will immer noch nichts erzählen. Deswegen bittet Tom am Montag darum, zu Miriams Eltern zu fahren. Er ist mit der Situation überfordert, dass seine Freundin vergewaltigt worden ist, aber nicht darüber sprechen will. Sie möchte eigentlich ihre Eltern davor bewahren. »Das ist das Schlimmste, was Eltern passieren kann.« Deswegen wiederholt sie erst einmal die Geschichte mit dem Sonnenstich, aber ihre Mutter glaubt ihr nicht.

Sie zieht ihre Tochter zur Seite und fragt: »Was ist los?

Da ist doch was passiert? Du kannst mir nicht weismachen, dass alles in Ordnung ist.«

Zum ersten Mal seit dem Erlebnis fängt Miriam an zu weinen. Dabei redet sie ohne Punkt und Komma. Der Mutter laufen ebenfalls Tränen übers Gesicht, sie hat immer gehofft, dass ihrer Tochter so etwas nie passieren würde. In der Zwischenzeit berichtet Tom dem Vater, was er weiß. Der Vater nimmt seine Tochter in den Arm und sagt ebenfalls unter Tränen:»Ich sorge dafür, dass dieser Typ seine Strafe kriegt.«

Miriam will nicht, dass sich alle um sie sorgen, und beschließt, einfach weiterzumachen wie vor dem Vorfall. Fünf Tage später geht sie wieder zur Arbeit, und in den folgenden Tagen denkt sie auch nicht mehr viel darüber nach. Doch nach einer Woche hat sie während der Arbeit einen Zusammenbruch. Sie geht zu ihrer Hausärztin und erzählt fast nebenbei von »der Sache«. Die Ärztin erkennt sofort, dass ihre Patientin Hilfe braucht, und verweist sie an den Weißen Ring. Dieser gemeinnützige Verein hat bundesweit ein Netzwerk an Beratungsbüros, um Opfern von Straftaten zu helfen. Dort ist man sehr freundlich und händigt Miriam Adressen von ambulanten Therapeuten im nahen Umkreis ihres Wohnorts aus. Außerdem erhält sie einen Gutschein für eine Erstberatung bei einem Anwalt.

Nach langer Suche findet Miriams Vater schließlich eine Therapeutin in Dresden. Miriam beginnt eine Therapie, bricht aber nach der fünften Stunde ab, denn nie wird über die Vergewaltigung gesprochen, nur über ihre Kindheit und ihren Beruf. Sie fragt sich, was das bringen soll. Sie braucht Hilfe, das ist ihr inzwischen klar, aber muss sie deswegen über ihre Kindheit reden? Die war ja nicht belastet.

Ihre Hausärztin verschreibt ihr Tabletten, damit sie nachts schlafen kann, denn sie hat Angst vor dem Einschlafen, Angst davor, aufzuwachen und nicht zu wissen, was mit ihr passiert ist. Immer stärker belastet der Vorfall nun doch Miriams Leben. Fragen geistern in ihrem Kopf umher und lassen sie nicht los: Was genau hat der Typ mit mir angestellt? Wo hat er mich angefasst? Was hat er sich dabei gedacht? Und hat er von Anfang an geplant, ihr K.-o.-Tropfen ins Getränk zu schütten, um sich dann an ihr zu vergehen?

Eine Anwältin kümmert sich jetzt um Miriams Fall. Sie ist spezialisiert auf diesem Gebiet und setzt sich für Opfer von Vergewaltigungen ein. Ihr erzählt Miriam noch einmal alles, was sie weiß. Miriam entwickelt ein großes Vertrauen, denn die Anwältin hört genau zu, ist einfühlsam und sehr akribisch. Die Juristin fordert daraufhin Einsicht in Miriams Akten und Krankenhausberichte und findet heraus, dass der mutmaßliche Täter selbst Polizist war. In der Akte steht außerdem, dass keinerlei Spuren von K.-o.-Tropfen in Miriams Blut nachgewiesen wurden. Wie kann das sein? Das kann nicht stimmen, Miriam hatte doch von der Vergewaltigung nichts mitbekommen und kaum Alkohol im Blut. Tatsächlich hätte zum Zeitpunkt der Untersuchung nur noch ein Urintest die K.-o.-Tropfen nachweisen können. Dieser wurde – wahrscheinlich aus Unwissenheit – nicht durchgeführt. Die Juristin äußert die Vermutung, dass hier etwas vertuscht werden könnte.

Tatsächlich wird die Anklage fallen gelassen. Bis heute verstehen das weder Miriam und ihre Familie noch ihre Anwältin. Sie hatten eine Zeugin der Tat, was selten genug der Fall ist bei Sexualstraftaten. Auch die Verletzungen, die im Beisein der Polizei vom Arzt dokumentiert wurden, haben letztendlich nicht zu einer Verurteilung geführt. Darüber ist Miriam bis heute enttäuscht, genauso wie über den gesamten polizeilichen Ablauf nach der Tat. Sie hofft für andere Betroffene, dass in Zukunft schneller geholfen wird, dass die Untersuchungen sensibler durchgeführt werden und dass »Opfer« nicht als solche betrachtet werden, sondern als starke Persönlichkeiten, die den Mut haben, den Täter anzuzeigen.

Miriams Geschichte zeigt auf beunruhigende Weise, was zahlreiche Opfer von Sexualstraftaten erleben. Selbst wenn Beweise vorhanden sind, Zeugen die Tat gesehen haben, sogar Verletzungen dokumentiert wurden, werden dennoch die Täter häufig nicht bestraft. Verfahren werden entweder eingestellt, oder es kommt erst gar nicht zu einer Anklage. Zeugen »könnten sich falsch erinnern oder falsch aussagen«, dokumentierte Hämatome »könnten selbst verursacht sein«. Unsere Gerichte in Deutschland sind unabhängig, wir haben ein starkes, gutes Rechtssystem. Aber wenn von den fünf Prozent der Sexualstraftaten, die überhaupt angezeigt werden, nur wenige vor Gericht landen und von diesen Fällen lediglich sieben bis acht Prozent in einer Verurteilung enden, ist dies ein beunruhigender Fakt. Und der kann uns als Gesellschaft, aber auch Justiz und Polizei nicht zufriedenstellen.

Veronika, 28 Jahre alt, vergewaltigt während einer Party

Die Party ist in vollem Gange, die Stimmung grandios und ausgelassen. Ein guter Freund von Veronika, Robert, feiert seinen dreißigsten Geburtstag. Als Single nutzt sie die Nacht, um mal wieder ausgelassen zu feiern, aber auch, um vielleicht endlich ihrem Traummann zu begegnen. Kaum einen Tanz lässt sie aus, wild wirbelt sie herum, mal mit dem einen, mal mit dem anderen Partner. Robert hat wirklich nette Freunde, und besonders gut gefällt ihr ein Blonder, der ein bisschen aussieht wie Ryan Gosling, lässig, attraktiv. Immer wieder tanzt er sie an, immer wieder bringt er ihr ein Glas Wein. Fast hat sie das Gefühl, als wäre es Absicht – Absicht, dass sie zu viel trinkt. Sie verdrängt den Gedanken, verdrängt die Warnleuchten in ihrem Kopf, denn der Typ ist einfach sensationell. Sie will sich den schönen Moment nicht durch alberne Sorgen kaputt machen.

Irgendwann fragt er:»Wollen wir ein wenig raus an die frische Luft?« Sie willigt sofort ein. Ein wenig stolpert Veronika auf ihren Schuhen herum, merkt, dass sie das eine oder andere Glas doch lieber hätte weglassen sollen. Der Nebel will sich nicht so richtig lichten. Er nimmt sie in den Arm, dabei weiß sie noch nicht einmal, wie er heißt. Dann passiert es: An einer dunklen Stelle zerrt er Veronika unter die Büsche, schiebt ihr Kleid hoch und seine Hose runter. Sie schlägt mit den Armen um sich, doch ohne Erfolg, sie hat zu viel getrunken, um sich zu verteidigen. Der Mann vergewaltigt sie.

Schließlich lässt er von ihr ab und verschwindet. Veronika liegt da, fühlt sich elend, benutzt, wie eine Schlampe, sagt sie später. Irgendwie kommt sie nach Hause, duscht, weint sich in den Schlaf. Am nächsten Tag will sie von Robert erfahren, wer dieser Freund sei. Er würde ihn nicht kennen, erklärt er ihr, wahrscheinlich hat ein anderer Freund ihn mitgebracht. Und so weiß sie bis heute nicht, wer sie eigentlich vergewaltigt hat. »Eine Anzeige gegen unbekannt? Was kann das schon bringen?«, denkt Veronika und versucht die Tatnacht so schnell wie möglich zu vergessen. Sie macht sich sowieso selbst Vorwürfe, zu viel getrunken zu haben. Wäre sie nüchterner gewesen, hätte sie sich heftiger zur Wehr setzen können. Darüber blendet sie die Tatsache aus, dass der Täter aus ihrer Unzurechnungsfähigkeit seinen Nutzen gezogen hat. Er war ab dem Moment, in dem sie draußen allein waren, nur noch auf die Vergewaltigung aus. Küssen oder Flirten waren plötzlich kein Thema mehr. Sie hat um sich geschlagen, es hat ihn nicht gestört. Seitdem lebt sie mit der schrecklichen Erinnerung und der Scham. Sprechen tut sie sehr selten über diese Begebenheit.

Was geschieht in der Rechtsmedizin?

Geht man nach einer Vergewaltigung oder anderen Sexualstraftat zur Polizei, so muss diese eine mögliche Straftat untersuchen und in jedem Fall ein medizinisches Gutachten einholen. Es kommt also wie im Fall von Miriam zu einer Untersuchung durch einen Facharzt. Doch auch ohne eine Anzeige kann die Frau sich dafür entscheiden, die Spuren der Gewalttat dokumentieren zu lassen.

Eine Vergewaltigung muss nicht zwingend von einem Rechtsmediziner begutachtet werden, man kann als Betroffene auch zum Frauenarzt gehen. Der Arzt hat Schweigepflicht und wird den Vorgang nicht der Polizei melden.

Die Frau kann dann später selbst entscheiden, ob sie anhand des Untersuchungsberichts eine Anzeige erstatten möchte.

Dennoch hat eine rechtsmedizinische Untersuchung Vorteile im Vergleich zum normalen Frauenarztbesuch. Rechtsmediziner wissen genau, wie eine korrekte Dokumentation der Tat durchzuführen ist und welche Spuren – neben Blut- und Urinproben auch Speichel, Schamhaar und Sperma – für die spätere Beweisführung notwendig sein werden. Auch Hämatome, zum Beispiel an den Oberschenkelinnenseiten (sogenannte Spreizverletzungen) oder an den Oberarminnenseiten (Griffspuren), können einen Hinweis darauf geben, dass der Geschlechtsverkehr nicht in beiderseitigem Einverständnis stattgefunden hat.

Getragene Kleidungsstücke einschließlich der Unterwäsche sollten aufbewahrt und zur rechtsmedizinischen Untersuchung mitgenommen werden. Hier werden diese Gegenstände so gesichert, dass sie in einem Strafverfahren als Beweismittel herangezogen werden können. Der Rechtsmediziner selbst kann ebenfalls als Zeuge vor Gericht befragt werden. Wichtig zu wissen: Ein Rechtsmediziner wird nicht gegen den Willen der Frau nach der Untersuchung eine Anzeige bei der Polizei erstatten! Hier hat sich die Rechtslage zum Wohle betroffener Frauen geändert. Denn viele scheuen die direkte Anzeige aus unterschiedlichen Gründen und vernichten deswegen Spuren, die für eine spätere Anzeige wichtig sein können.

Sofern vorhanden, sichern Rechtsmediziner auch die DNA des Täters, die eine eindeutige Identifizierung der Person ermöglicht. Daneben sind Fotos ein Mittel, um Beweise festzuhalten. Diese Fotos werden nicht in der Akte abgelegt, die – im Falle einer Anzeige – an die Staatsanwaltschaft geht und in die Anwälte Einblick haben können. Sie kommen in einen sogenannten Sonderband und unterliegen höchstem Persönlichkeitsschutz.

Diesen Rat geben Fachärzte im Fall einer Vergewaltigung:

1. So schnell wie möglich nach der Tat untersuchen lassen. Nach 72 Stunden ist der Nachweis einer Straftat kaum mehr möglich.
2. Alle Bekleidungsstücke, die während der Tat getragen wurden, aufbewahren und mitnehmen.
3. Keine Toilettengänge.
4. Nicht waschen.

In vielen Städten gibt es Notfallambulanzen für weibliche Gewaltopfer bzw. sogenannte Opferambulanzen. Bei diesen Einrichtungen werden Frauen beraten und können sich kostenlos untersuchen lassen. Hier werden wie bei der Polizei die vergänglichen Spuren einer Vergewaltigung oder eines sexuellen Übergriffs gesichert, Verletzungen dokumentiert und so aufbewahrt, damit sie im Nachhinein als Beweismittel vor Gericht verwendet werden können. Erfragen Sie, wie lange die Beweise gesichert werden! In vielen Ambulanzen beträgt der Zeitraum sechs Monate, in denen die Asservate und Dokumentationen unter dem Namen der betroffenen Frauen kostenfrei hinterlegt werden. Anschließend wird normalerweise alles ohne Rücksprache vernichtet. Möchte eine Frau, dass die Beweismittel schon früher nicht mehr zugänglich werden, kann sie das beantragen.

In einigen Städten gibt es auch die Möglichkeit einer anonymen Spurensicherung nach einer Sexualstraftat.

Nach der ärztlichen Untersuchung und der Spurendokumentation in einem Krankenhaus werden die Spuren hier anonymisiert zehn Jahre lang gelagert. Erfolgt in diesem Zeitraum eine Anzeige, können die Spuren als wichtige Beweismittel dienen.

Gefahren aus dem Netz

*»Wenn ich wach werde, hoffe ich jeden Morgen,
dass das alles nur ein Albtraum war. Dann wird mir
wieder klar, dass ich schon mit 15 zur Schlampe
gemacht wurde. Das tut so weh, als würde mir
jemand den Hals zudrücken.«*

Melly, heute 18

Haben Sie schon einmal von der »Loverboy-Methode«
gehört? Was nach einem Tatort-Plot am Sonntagabend
klingt, ist leider eine tatsächliche und wachsende Gefahr für junge Mädchen und Frauen.»Loverboys« werden
junge Männer genannt, die gezielt nach minderjährigen
Mädchen suchen, um sich ihr Vertrauen und ihre Zuwendung zu erschleichen und sie dann sexuell auszubeuten.
Die Täter sind meist zwischen 16 und 28 Jahre alt. Das Internet dient in den meisten Fällen dazu, die Opfer gezielt
auszuwählen: In bestimmten Chatforen können die Täter genau die Mädchen ansprechen, die einsam oder labil
sind und auf deren Bedürfnisse sie gezielt eingehen können. Gerade Mädchen mit familiären Problemen, die sich
von allen unverstanden fühlen und in den Chats ihr Herz
ausschütten, geraten ins Visier der Loverboys. Gleichzeitig bleiben die Täter zunächst in der Anonymität und geben sich zum Beispiel als sehr viel jünger aus oder tun so,
als hätten sie mit denselben Problemen zu kämpfen. Über
das Netz finden die Täter alles über ein Mädchen heraus,

was sie brauchen, um es gezielt anzusprechen: welche Kleidung es bevorzugt, welche Musik es mag, welche Geheimnisse es in sich trägt. Die Männer erschleichen sich das Vertrauen der jungen Frauen, erfahren nach und nach vieles über die Sehnsüchte und Probleme und treten dann im realen Leben am Anfang verständnisvoll und einfühlsam auf. Endlich ist da einer, der mich genau versteht, denken die Opfer zunächst. Die Täter arbeiten äußerst geschickt und skrupellos. Die jungen Frauen glauben, endlich die »große Liebe« gefunden zu haben, und sind in Wahrheit in die Fänge von Vergewaltigern und Zuhältern geraten.

Loverboys machen ihre Opfer emotional abhängig und entfremden sie gleichzeitig von ihren Freunden und Verwandten. Später verleiten sie die Mädchen mit psychischer und körperlicher Gewalt zu Sex und oft sogar zur Prostitution. Mit den gleichen Taktiken sorgen sie dafür, dass die jungen Frauen nicht zur Polizei gehen oder sich den Eltern anvertrauen. So sind sie irgendwann dem Loverboy ausgeliefert und haben das Gefühl, sie könnten niemanden um Hilfe bitten. Die Scham, Angst und Ausweglosigkeit sind so groß, dass am Ende das Mädchen vor einem Abgrund steht und sich kaum noch aus dem Teufelskreis befreien kann.

Im Februar 2018, mitten in der Entstehungsphase dieses Buches, wird ein aufsehenerregender Fall im Ruhrgebiet bekannt, in dem eine Gruppe von jungen Männern Mädchen auf die immer gleiche Methode in eine Falle lockte, um sie dann zu vergewaltigen. Auch hier hatte stets erst einer der Täter Kontakt zu einem Mädchen aufgenommen. Ein gutaussehender Lockvogel der brutalen Bande machte über das Internet zunächst harmlose Treffen aus. Später wurden die jungen Frauen dann an einen entlegenen Ort gebracht, wo insgesamt vier Täter im Alter zwischen 16 und 23 Jahren über sie herfielen und es zu brutalen Gruppenvergewaltigungen kam. Mindestens sechs 16-jährige Mädchen sollen betroffen sein. Drei von ihnen hatten den Mut, unabhängig voneinander Anzeige bei der Polizei zu erstatten, so kam die Polizei den Tätern auf die Schliche.

Laura, 14 Jahre alt, der Peiniger lauerte im Internet

Seit Laura in der Pubertät ist, fühlt sie sich oft einsam. Mit ein paar Mädchen aus ihrer Klasse hat sie zwar ganz guten Kontakt, aber ihr fehlt die eine beste Freundin, der sie alles erzählen kann. Dass sie von einigen Schülern gemobbt wird, macht ihr sehr zu schaffen. Ihre Eltern wissen nichts davon, sie sind zu sehr mit sich selbst beschäftigt. Ihr Vater und ihre Mutter streiten oft, und Laura verkriecht sich lieber in ihrem Zimmer, als zwischen die Fronten zu geraten. Laura sehnt sich zutiefst nach jemandem, dem sie alles erzählen, mit dem sie reden kann. Allein in ihrem Zimmer kommt sie auf die Idee, im Internet nach anderen Teenagern zu suchen, die ähnliche Probleme haben. Sie findet diverse Chatrooms, in denen sie sich mit einem erfundenen Namen anmeldet und mit anderen austauscht. Das tut ihr erst einmal gut, doch die meisten verlieren nach kurzer Zeit das Interesse an ihr. Immer wieder geht sie in die Chats, und schließlich ist da jemand, der richtig hartnäckig bleibt, der einfach nie gelangweilt zu sein scheint von ihren kleinen, alltäglichen Erlebnissen. Er nennt sich im Chat »Victor« und ist ein paar Jahre älter als sie, wie alt genau, weiß sie nicht. Mit ihm entwickelt sich etwas Besonderes. Als ihr Hund stirbt und sie voller Traurigkeit davon im Chat erzählt, findet Victor die richtigen Worte. Er tröstet sie und schreibt so liebe Sachen, dass Laura das Gefühl hat, da gibt es jemanden, der in ihre Seele schauen kann und der mit ihr leidet. Dann fragt er, ob sie auch einmal mit ihm telefonieren würde. Sie ist neugierig, wie seine Stimme wohl klingen mag, und stimmt zu.

Laura ist so aufgeregt, dass sie bei dem Gespräch seinen Namen gar nicht richtig versteht. Er hat ihn sehr schnell ausgesprochen; hinterher weiß sie nur, dass es ein langer Name war und er irgendwie ausländisch klang. Bei diesem ersten Telefonat fragt er Laura direkt, ob sie sich einmal treffen wollen. Laura zögert, das geht so schnell, und sie weiß eigentlich, dass man sich nicht im Netz mit einem Fremden verabreden sollte. Aber er überredet sie zu einem Treffen und sagt ihr, er würde sie auch zu Hause abholen. Das erscheint ihr irgendwie vertrauenerweckend. Also nennt sie ihm ihre Adresse.

Ihre Eltern sind bei der Arbeit, als er klingelt. Obwohl sie schon so viel mit ihm gechattet hat, wirkt er plötzlich fremd auf sie, als er da vor ihrer Tür steht. Sie hatte sich ihn ganz anders vorgestellt, viel jünger. Dieser Mann ist mindestens 20 Jahre älter als Laura. Er ist eigentlich gutaussehend, hat aber etwas Grobes um Mund und Augen und wirkt regelrecht einschüchternd.

Er lächelt ganz herzlich und sagt, er freue sich so, sie endlich kennenzulernen. »Wollen wir ein bisschen spazieren gehen?«, schlägt er vor. Sie zögert, irgendwie kommt ihr das jetzt doch nicht richtig vor. Aber er ist extra hergekommen, um sie zu sehen, da kann sie ihn jetzt nicht wieder wegschicken, denkt Laura. Und draußen spazieren gehen kann doch nicht gefährlich sein. Also willigt sie ein. Sie wundert sich, dass er immer wieder nach links und rechts schaut, unkonzentriert ist und ihr nicht wie gewohnt zuhört. Sie fühlt sich zunehmend unwohl und möchte wieder nach Hause gehen, was sie ihm auch sagt. Als sie an einem Feld entlangkommen, direkt neben einer dicht bewaldeten Stelle, wirft er sie auf den harten Boden, presst seinen Körper auf ihren und vergewaltigt sie.

Es geht alles so schnell, dass sie hinterher nicht mehr sagen kann, wie es genau passiert ist. Sie liegt danach zusammengekrümmt auf dem Boden, er lässt sie einfach liegen, droht ihr, dass er ihr das Leben zur Hölle macht, wenn sie irgendjemandem etwas davon erzählt. Laura kann nicht sprechen, sie bringt kein Wort heraus, liegt bebend da, und ein einziger Gedanke geht ihr durch den Kopf: Jetzt ist meine Kindheit für immer vorbei.

Irgendwann ist sie wieder zu Hause. Wie sie den Weg zurück geschafft hat, daran erinnert sie sich nicht mehr. Sie duscht, zieht andere Sachen an, löscht ihren Account und hofft, von diesem Mann, dessen Namen sie nicht einmal weiß, nie wieder etwas zu hören. Drei Wochen später steht er jedoch erneut vor ihrer Haustür. Er sagt, er wolle sich entschuldigen, er hätte selbst so viele Probleme und möchte es ihr erklären. Sie weiß selbst nicht, warum sie sich darauf einlässt, aber am Ende passiert es noch einmal und fast auf die gleiche Weise wie zuvor. Nur dass diesmal der »Spaziergang« sehr viel kürzer ausfällt, weil er sie bei der ersten Gelegenheit in ein Gebüsch zerrt und missbraucht. Bevor er sich von ihr abwendet, droht er, den Mitschülern, den Lehrern und ihren Eltern zu erzählen, was für eine Schlampe sie sei.

Laura wünscht sich so sehr, das alles sei nur ein Albtraum. Manchmal wacht sie morgens auf und denkt, es sei nicht wirklich passiert. Doch dann kommt das schreckliche Erwachen. Niemand ist da, dem Laura sich anvertrauen kann. Ein Lehrer spricht sie an und fragt, was denn mit ihr los sei. Sie war bis vor Kurzem noch eine Einser-Schülerin und schreibt jetzt eine Fünf nach der anderen. Doch sie schüttelt nur den Kopf, sagt, alles sei in Ordnung. Selbst als ein Lehrer sie unter vier Augen anspricht, wagt sie nicht, etwas zu sagen. Sie schämt sich so sehr für das, was da passiert ist. Sie kann kaum noch etwas essen und besteht nur noch aus Angst.

Und dann kommt das böse Erwachen. Der »Internetfreund« beginnt, sie wieder und wieder abzufangen. Er droht ihr, übt psychischen Druck auf sie aus und sagt ihr, sie habe das alles selbst gewollt und solle jetzt nicht so tun, als wäre sie überrascht. Er befiehlt Laura, wo sie wann zu sein hat. Sie ist psychisch am Boden und hofft jedes Mal, er würde danach von ihr ablassen. Eines Tages warten an dem Treffpunkt auch andere Männer. Er sagt ihr, wenn sie sich nicht wehrt, wird er sie danach in Ruhe lassen und nie wiederkommen. Laura hat so große Angst, dass sie sich sowieso nicht wehren kann. Danach ist sie nur noch ein Wrack. Und natürlich lässt er nicht von ihr ab. Sie lebt fortan wie in einer Parallelwelt; das, was der Mann von ihr verlangt, dringt kaum zu ihr durch. Zwei- bis dreimal in der Woche verschleppt er Laura an einen Ort, an dem fremde Männer darauf warten, sich an ihr zu vergehen. Man schlägt sie, missbraucht sie, macht Dinge mit ihr, die sie nicht in Worten ausdrücken möchte, als sie mir davon erzählt.

Als Reaktion auf die Demütigung und den Schmerz

beginnt sie, sich selbst zu verletzen, schneidet mit einem kleinen Messer immer wieder in die Haut ihrer Arme, doch ihre Eltern haben auch dafür keinen Blick. Erst ein Lehrer an der Berufsschule, die sie inzwischen besucht, wird auf die blutenden Verbände aufmerksam und redet lange mit Laura. Noch von der Schule aus wird sie direkt ins Krankenhaus gebracht. Dort sagt man ihr: »Sie sind zu krank für unsere Klinik. Sie müssen in eine Spezialklinik.« Durch den Aufenthalt dort und die Gespräche mit anderen psychisch kranken Jugendlichen fühlt sich Laura darin bestärkt, nun doch all ihren Mut zusammenzunehmen, und erstattet bei der Polizei Anzeige. Die gynäkologischen Untersuchungen bestätigen ihre Aussage, in ihrer Vagina findet die Frauenärztin Zigarettenstummel und ein Stück von einem Ast.

Als Laura ihre Geschichte erzählt, fällt es schwer, dabei nicht in Tränen auszubrechen. Hätte man dieses arme Kind doch nur schützen können. Aber als das alles passiert, ist sie ganz allein.

Der Prozess, der bald darauf beginnt, lässt nicht nur Laura verzweifeln. Im Verlauf der Verhandlung sind einige der Unterlagen unauffindbar. Laura ist mit den Befragungen völlig überfordert, soll sich an Ärzte und ihre Namen erinnern, was ihr schwerfällt. Sie soll den Ort beschreiben, wo all die schrecklichen Dinge passiert sind, das Haus, in dem einige Vergewaltigungen stattgefunden haben. Sie kennt die Adresse nicht, kann aber den Anfahrtsweg und das Gebäude genau beschreiben. Man erklärt ihr, dass man es nicht finden könne. Nach der Verhandlung fährt sie mit einer Freundin, die sie in der Berufsschule kennengelernt hat, genau diesen Weg ab. Sie finden das Haus ohne Probleme, es ist bis auf die Grundmauern abgebrannt. Jemand hat dafür gesorgt, dass weder das Haus noch irgendwelche verwertbaren Spuren gefunden werden.

Das Verfahren wird eingestellt.

Melly, 15 Jahre, vom »Freund« zur Prostitution gezwungen

Melly ist ein schüchternes Mädchen. Mit ihren 15 Jahren hatte sie noch nie einen Freund. Auch wenn manche Mädchen aus ihrer Klasse schon erste Erfahrungen gemacht haben, ist für Melly das Thema Sex meilenweit entfernt. Sie sehnt sich aber nach einem Jungen, mit dem sie Hand in Hand durch die Stadt laufen kann, der sie genau so liebt, wie sie ist, und der ihr zuhört. Mellys Vater ist schon lange von zu Hause ausgezogen, sie lebt mit ihrer Mutter und ihrem jüngeren Bruder zusammen. Aber ihre Mutter weiß eigentlich nichts über ihre Gefühle und Gedanken.

Eines Vormittags steht auf dem Schulhof ein Junge. Er heißt Luke, ist 17 und hat richtig schöne dunkle Augen. Sie kennt ihn bisher nur durch einen Social-Media-Chat, da hat er ihr geschrieben, dass er sie besuchen will. Er spricht Melly an und sagt ihr, wie hübsch sie sei. Das findet Melly sehr schön. Er fragt direkt, ob sie sich mal mit ihm verabreden würde, und holt sie noch am selben Tag von der Schule ab.

Luke bringt Melly bei jedem ihrer Treffen Geschenke mit, ein Aufladekabel für ihr Handy zum Beispiel und sogar Blumen. Endlich habe ich einen richtig tollen Freund, denkt sich Melly, die sehr schnell sehr verknallt in Luke ist. Sie treffen sich immer nachmittags, denn abends soll sie wieder bei ihrer Mutter sein. Den ersten Sex haben die beiden schon nach einer Woche in seiner kleinen Wohnung. Luke wohnt nicht mehr zu Hause, weil seine Eltern sich haben scheiden lassen, sagt er. Melly hätte gerne noch gewartet, aber es ist schön, er ist lieb zu ihr.

Wenige Tage später ist auf einmal ein Freund von Luke da, der sie auch streicheln und mit ihr schlafen will. Luke sagt zu ihr, wenn sie ihn liebe, dann könne sie doch auch nett zu seinem besten Freund sein. In dem Moment glaubt Melly, dass das vielleicht so ist, wenn man liebt: dass man etwas für den anderen tut, auch wenn man selbst es eigentlich nicht will. Am Tag danach erklärt Luke, dass er bei einem Bekannten Schulden habe und fürchte, dass der ihn zusammenschlagen würde, wenn er das Geld nicht abbezahle. Er sagt auch, dass der Bekannte ein Foto von Melly gesehen habe und sie sehr hübsch finde. »Wenn du nur ein einziges Mal mit dem schläfst, muss ich die Schulden nicht zurückzahlen.«

Damit beginnt für das Mädchen ein Martyrium, das über acht Monate dauert. Luke erpresst Melly mit Fotos, die er beim Sex von ihr gemacht hat. Schreckliche Bilder, er droht, sie ihrer Mutter zu zeigen, wenn sie irgendjemand von alldem erzählt. Melly kann nicht mehr schlafen, sie weiß, dass das alles nicht in Ordnung ist, aber sie ist noch immer in Luke verliebt. Ihre Mutter bemerkt, dass sich ihre Tochter verändert, aber Melly sagt kein Wort. Sie streiten viel, die Klamotten, die Melly jetzt trägt, gefallen der Mutter nicht.

Luke zwingt sie inzwischen regelmäßig, mit anderen zu schlafen. Am Wochenende bekommt sie von Luke eine SMS, wann sie ihre Wohnung verlassen soll. Dann warten entweder Männer im Auto, oder er fährt sie zu sich, und dort passiert es.

Nur durch einen Zufall entdeckt ein Lehrer, was vor sich geht. Er hat ein Telefonat belauscht, in dem Melly äußert, dass sie Angst vor den Männern habe. Er spricht die Schülerin an, die einfach nicht länger schweigen kann. Kurz darauf gehen sie gemeinsam zur Polizei. Der Täter ist den Polizisten bekannt, er ist in Wahrheit schon 22 und als Zuhälter vorbestraft.

Das sollten wir wissen, das können wir unternehmen

Laut Bundeskriminalamt gewinnt die »Anwerbung über das Internet« mehr und mehr an Bedeutung. Das BKA fasst diese Straftaten unter »Menschen- und Frauenhandel zum Zwecke sexueller Ausbeutung« zusammen. Im »Bundeslagebild Menschenhandel« wurden im Jahr 2015 insgesamt 416 Opfer ermittelt. Doch die Dunkelziffer ist auch hier sehr hoch, denn viele Mädchen trauen sich nicht, mit jemandem über die Vorkommnisse zu sprechen. Knapp zwölf Prozent der dokumentierten Opfer – insgesamt 49 deutschsprachige Minderjährige – wurden über das Internet, zum Beispiel über Dating-Foren und soziale Netzwerke, zur Ausübung von Prostitution gezwungen. Und die Tendenz ist erschreckend schnell steigend. Das BKA weiß zudem: »Das Vorspielen einer Liebesbeziehung führt in vielen Fällen dazu, dass die Mädchen sich der Ausbeutung nicht bewusst sind, teils den Täter schützen und selbst Maßnahmen ergreifen, um ihr reales Alter zu vertuschen. Dabei ist eine in der Vergangenheit oft anzutreffende Methode die Verwendung von sogenannten ›Lookalike‹-Dokumenten bei Kontrollen. Hierbei nutzen die Minderjährigen echte Dokumente von älteren Personen, denen sie ähnlich sehen, wie beispielsweise Schwestern oder Cousinen.«

Der Täter, so sagt Bärbel Kannemann, ehemalige Kriminalhauptkommissarin und Gründerin des Berliner Vereins »NO Loverboys«, »drängt sich Schritt für Schritt zwischen das Mädchen und dessen soziales Umfeld.« Anders als im Fall von Laura, wo der Täter das Mädchen hauptsächlich über Angst und Drohungen manipuliert hat, sorgen viele Loverboys dafür, dass die emotionale Bindung immer enger wird, während Freundschaften und Kontakte zur Familie ihres Opfers nach und nach zerbrechen. Diese soziale Isolierung läuft so lange, bis das Mädchen das Gefühl hat, dass der neue Freund der Einzige ist, der es versteht. Mit fatalen Folgen.

Männer wie Lauras und Mellys Loverboys sind nichts weiter als Zuhälter. Sie finden ihre Opfer auf Internetplattformen und in sozialen Netzwerken, aber auch vor Schulen, in Fast-Food-Restaurants oder in Clubs und Diskotheken. Bei der Opferauswahl spielen bestimmte Faktoren eine Rolle: eine nicht sehr gefestigte Persönlichkeit, geringes Selbstbewusstsein, eine nicht besonders stark ausgeprägte Bindung zum Elternhaus und meist wenig soziale Kontakte. Die Täter stammen in der Regel aus dem regionalen Umfeld und nutzen die Lebensumstände ihres Opfers aus, um es durch eine vermeintliche »Liebesbeziehung« an sich zu binden.

Nach den ersten Treffen kommt es meist recht schnell dazu, dass Handyfotos gemacht oder kleine Filme gedreht werden, die das Opfer freizügig zeigen. In der Regel sind die Täter die Ersten, die es vergewaltigen. Um das Mädchen, das sie »an der Angel« haben, nicht zu verlieren, drohen sie zum Beispiel damit, die Nacktfotos oder Handyfilme ins Internet zu stellen, die kleine Schwester zu vergewaltigen, den Bruder zu entführen, die Familie über die Prostitution zu informieren – oder sie verprügeln die jungen Frauen, um ihren Willen zu brechen. Auch Drogen spielen häufig eine Rolle.

Zugleich achten die Täter darauf, dass die Mädchen ihr normales Leben fortsetzen, dass sie nicht die Schule schwänzen, damit bei den Eltern und Lehrern nicht der Eindruck entsteht, etwas könne nicht stimmen. Vielfach kennen die Eltern den »Freund« der Tochter sogar, schöpfen aber keinen Verdacht und unternehmen deswegen nichts, um ihr Kind aus dessen Fängen zu befreien.

Die Prostitution ist für Loverboys ein lukratives Geschäft, sie müssen die Mädchen nicht bezahlen, auch keine extra Wohnung anmieten. Meist fährt der Zuhälter das Opfer in seinem Auto in leer stehende Wohnungen oder Häuser, die Freier werden ebenfalls übers Internet ausfindig gemacht und zu dem ausgesuchten Ort bestellt. Gruppenvergewaltigungen sind in diesem Zusammenhang nicht selten. Anschließend bringt der Täter das Mädchen wieder nach Hause. Bis die nächste SMS eintrifft, wo und wann es erneut zur Verfügung stehen muss.

Dieses schreckliche Phänomen kommt leider häufiger vor, als die offiziellen Zahlen ahnen lassen. Die Polizei arbeitet eng mit Fachberatungsstellen für Frauen und Mädchen zusammen, die sich auf dieses Gebiet spezialisiert haben. Durch Gespräche mit Eltern und jungen Frauen sollen Wege aufgezeigt werden, wie man sich aus einer solchen Notsituation befreien kann. In einigen Schulen werden »Loverboy«-Workshops angeboten, um die Jugendlichen für die Problematik zu sensibilisieren. »Grundsätzlich ist es schwierig, sich vor Loverboys zu schützen.

Das Allerwichtigste ist: Man muss die Loverboy-Masche kennen und überhaupt erst einmal wissen, dass es so was gibt«, sagt Bärbel Kannemann.

Hier können in Zukunft sicher noch mehr Schulen aktiv werden und sowohl bei den Eltern als auch bei den Schülerinnen und Schülern für eine größere Wachsamkeit gegenüber dieser Gefahr sorgen.

Ein Fall vor Gericht

*»Zu Beginn der Verhandlung geht das Gericht davon
aus, dass das Opfer lügt.«*

Strafrichter Stefan Caspari, Landgericht Dessau,
in Erklärung der sogenannten Unschuldsvermutung

Von einhundert angezeigten Vergewaltigungen in Deutschland endet im Durchschnitt nur eine mit einer Verurteilung. Diese Quote ist ernüchternd, vor allem, wenn man
weiß, dass überhaupt nur fünf von hundert Frauen eine
Vergewaltigung bei der Polizei anzeigen. Ist eine Vergewaltigung also ein praktisch strafloses Verbrechen? Und
wenn ja, warum ist das so?
    Polizei und Justiz rufen unermüdlich dazu auf, Sexual-
straftaten anzuzeigen. Denn jeder angezeigte Fall verdeut-
licht, wie groß das wahre Ausmaß des Problems ist (sagt
die Polizei), und jeder Fall, der gar nicht erst verhandelt
wird, macht den Täter automatisch zum Sieger (sagt das
Gericht). Aus Sicht der Polizei und der Justiz ist dieser Ap-
pell verständlich. Aus der Erfahrung der Betroffenen ist es
verständlich, dass viele Frauen das anders sehen.
    Warum ist die Angst der Frauen vor einer Gerichts-
verhandlung so groß? Versuchen wir uns den Prozess
einmal vorzustellen: Im Verhandlungssaal sitzen meist
Richter und Schöffen, ein Protokollführer, der Staatsanwalt, gegebenenfalls Sachverständige, die Verteidiger
des Angeklagten und der Angeklagte selbst. Allein die

Anzahl der Personen, die also zu Beginn »auf der Gegenseite« sitzen, ist erdrückend hoch im Verhältnis zu der auf der Opferseite. Die räumliche Nähe zum Täter und die Schutzlosigkeit dieser Situation empfinden Frauen oft als bedrohlich oder zumindest als entmutigend. Meist handelt es sich zudem nicht um »ebenbürtige« Gegner, die sich dort gegenübersitzen, weder körperlich noch gesellschaftlich. Es sind nicht zwei Ex-Knackis, die sich gegenseitig was auf die Mütze gegeben haben. Es ist der gewalttätige Stiefvater direkt neben der über Jahre misshandelten, noch immer verängstigten jungen Frau. Es ist der Vorgesetzte neben der untergeordneten Kollegin. Es sind mehrere Mitglieder einer Gruppe von Tätern und ihnen gegenüber ein einzelnes Opfer. Der schwerreiche Politstar und das Zimmermädchen aus Afrika wie im Fall von Dominique Strauss-Kahn in Frankreich. Dieser spürbare Unterschied der beiden Parteien ist ein Fakt, der es Opfern noch schwerer macht, ein Verfahren durchzustehen. Ein süffisantes Grinsen des Täters kann ausreichen, um in einem kurzen Augenblick den ganzen Mut zu zerstören, den ein Opfer aufbringen musste, um – oft erst Jahre später – den Täter zur Rechenschaft zu ziehen.

Auch die Geschlechterverteilung bei Gericht ist selten ausgeglichen. In dem von mir beobachteten Fall waren neun Männer im Saal, aber nur drei Frauen, eine davon das Opfer. Jedoch zeichnet sich hier gerade eine Verschiebung ab, so Stefan Caspari, Strafrichter am Landgericht Dessau. Mehr und mehr weibliche Justizangestellte führen zu einem ausgeglicheneren Verhältnis. Und doch ist das Sprechen über schambesetzte Details für viele Betroffene vor Gericht eine Horrorvorstellung. Während die Befragung bei der Polizei im Vergleich dazu noch als vertraulich genug empfunden wurde, schüchtert der große Saal die Opfer häufig stark ein. Ein Gerichtsprozess ist öffentlich, Publikum ist anwesend, vor dem man die Details einer Vergewaltigung nicht ausbreiten will. Womöglich sitzt dazu noch ein Gerichtsreporter mit im Saal und berichtet im Nachhinein darüber im Heimatblatt.

Bei Sexualstrafverfahren gibt es im Vergleich zu anderen Gewaltdelikten besondere Schwierigkeiten, die mir Richter Caspari vom Landgericht Dessau erklärt hat: Meist sind nur zwei Personen beteiligt, das Opfer und der Täter, und es steht Aussage gegen Aussage. Anders als bei einem Banküberfall etwa, wo weitere Zeugen oder sogar Videoaufnahmen als Beweise vorliegen, finden diese Taten fast immer im Verborgenen statt – meist sogar im engen familiären Umfeld des Opfers und in den vier Wänden einer Wohnung. Deswegen gibt es gewöhnlich keine weitere Person, die etwas beobachtet hat.

Rechtsmedizinische Untersuchungen können hilfreiche Spuren für das Verfahren liefern. Die gibt es aber nur, wenn das Opfer direkt nach der Tat zur Polizei gegangen ist und eine Untersuchung stattgefunden hat. Genau dazu sind die wenigsten Opfer in der Lage, weder körperlich noch psychisch. Wer Opfer einer Sexualstraftat geworden ist, das haben unzählige Gespräche gezeigt, denkt nicht an spätere Beweise, er will nur den eigenen Körper beschützen und wieder Selbstbestimmung erlangen über das, was passiert. Genau dies verhindert bei den meisten Frauen, dass sie direkt zur Polizei oder zum Arzt gehen.

Je größer das Trauma ist, desto schwieriger ist es für Betroffene, den Tathergang genau zu beschreiben. Auch das führt zu einer erschwerten Beweisaufnahme und strafrechtlichen Verhandlung. Die Glaubwürdigkeit der beteiligten Personen ist hier von großer Bedeutung, deswegen soll in diesem Kapitel der spezielle Einfluss der jeweiligen Gutachter auf die Urteilssprechung beleuchtet werden (siehe unten). Denn zu selten wird offen darüber geredet, welche Besonderheit sich daraus ergibt, dass ein relativ kleiner Kreis von Sachverständigen in Deutschland zurate gezogen wird und mit seinen Gutachten über die Rechtsprechung in vielen Sexualstrafverfahren mitentscheidet.

Die Unschuldsvermutung, die Grundlage der deutschen Rechtsprechung ist, beschreibt die große Verantwortung, die das Gericht trägt, und zwar dem Angeklagten gegenüber noch mehr als dem Opfer. Es gilt der Grundsatz »Im Zweifel für den Angeklagten«, was in vielen Fällen bedeutet, dass Verfahren entweder eingestellt werden oder mit einem Freispruch enden.

Und doch können Gerichte auch mit wenigen Indizien ein faires Urteil sprechen. Die Aufklärung darüber, wie und in welchem Ausmaß sexuelle Gewalt gegen Frauen stattfindet, ist gerade deshalb so wichtig. Diese Aufklärung ist vor allem anderen die Motivation für dieses Buch. Denn nur wer weiß, was wirklich passiert, kann einschätzen, was am Ende glaubwürdig ist. Mehr Zutrauen der Betroffenen in die Justiz und ein ehrlicherer Diskurs in der Öffentlichkeit müssen das Ziel jeder Anstrengung sein. Dann wird es als Folge mehr Gerechtigkeit geben!

Jule, 15 Jahre alt, in der Kindheit und Jugend missbraucht

Jules Kindheit ist geprägt von Missbrauch. Vom vierten bis zum fünfzehnten Lebensjahr vergeht sich ihr Stiefvater an ihr. Barbara, die Mutter, ist psychisch labil, sie ahnt vielleicht etwas, aber traut sich nicht, ihrem Mann entgegenzutreten und ihr Kind zu schützen. Später erkennt Jule, dass ihre Mutter dem Mann hörig war. Als ihr Stiefvater sie das erste Mal vergewaltigt, droht er ihr: »Wenn du etwas sagst, werde ich deiner Mutter etwas antun.« Jahrelang schweigt Jule, sie will ihre Mutter schützen, der geht es ja schon schlecht genug. Barbara sitzt den ganzen Tag vor dem Fernseher, die drei jüngeren Geschwister orientieren sich mehr an Jule als an den Eltern. In der 9. Klasse bemerkt ihr Klassenlehrer, dass mit Jule etwas nicht stimmt. Er spricht sie sehr behutsam unter vier Augen an, da bricht es aus ihr heraus. Sonst hat sie immer die üblichen Ausreden vorgebracht, wenn jemand wissen wollte, ob es ihr gut gehe. Diesmal aber fasst sie Vertrauen zu dem Lehrer und erzählt von dem, was ihr Stiefvater mit ihr macht. Der Lehrer ruft noch am selben Tag den Kinder- und Jugendnotdienst zur Hilfe, die gemeinsam mit Jule entscheiden, dass sie nicht mehr nach Hause gehen soll. Sie bringen Jule in einer betreuten Wohngruppe unter, in der sie zusammen mit anderen Jugendlichen wohnt, die ähnliche Probleme haben.

Zwei Tage später erscheint die Polizei bei ihren Eltern. Sie holen ihren Stiefvater ab, um ihn zu vernehmen. Die Polizei will auch Jules Sachen abholen, doch der Stiefvater hat alles von ihr vernichtet. Von der Geburtsurkunde über die Kleidung bis zum Bett – die Wohnung sieht so aus, als hätte es Jule nie gegeben. Als man den Stiefvater

117

fragt, was mit den Sachen geschehen ist, antwortet er: »Ich habe alles vernichtet. Sie wohnt ja jetzt nicht mehr hier, wir brauchen den Platz.« Danach besitzt Jule nur noch das, was sie am Leib getragen hatte an dem Tag. Das alles macht Jule sehr zu schaffen. Sie hat das Gefühl, ihr Körper sei zwar noch vorhanden, aber nichts von dem, was ihre Identität ausgemacht hat. Sie muss sich nun selbst wiederfinden.

Psychologen sprechen mit dem Stiefvater, erstellen Gutachten, die vor Gericht Verwendung finden sollen. Es kommt zu einem Prozess am Landgericht, an dessen Ende der Täter 2001 eine Gesamtfreiheitsstrafe von sechs Jahren erhält. In der schriftlichen Urteilsbegründung ist nachzulesen, dass die zwischen dem vierten und zwölften Lebensjahr »begangenen und angeklagten Straftaten ... auf Antrag der Staatsanwaltschaft gem. § 154 Abs. 2 StPO vorläufig eingestellt« wurden. Für die Taten nach Vollendung des zwölften Lebensjahrs heißt es in der Urteilsbegründung:

Bei der Abwägung der Strafzumessungsgründe hat die Kammer zugunsten des Angeklagten gewertet, dass der in mittleren Lebensjahren stehende Angeklagte unbestraft ist und dass er erstmals in seinem Leben eine Straftat wird verbüßen müssen und deshalb besonders strafempfindlich sein wird. Auch hat die Kammer bedacht, welche Folgen die Strafhaft für die Ehe und das zukünftige Leben des Angeklagten haben mag.

Strafmildernd hat die Kammer auch berücksichtigt, dass der Angeklagte sich zur Zeit aller Taten in schwierigen Verhältnissen befunden hat, dass seine Ehefrau Verhaltensstörungen aufwies und der Angeklagte mit der Haushaltsführung der sechsköpfigen Familie und der Erziehung der Kinder überlastet gewesen sein mag. Für den Angeklagten sprach auch, dass die Taten schon vor längerer Zeit stattgefunden haben. Diesem Umstand kam umso mehr Gewicht zu, je weiter die jeweiligen Taten zurückliegen.

Weiter hat die Kammer zugunsten des Angeklagten gesehen, dass dieser bei den Fällen des Eindringens mit dem Penis nur wenige Zentimeter tief in die Scheide der Zeugin eingedrungen ist.

Für Jules Verarbeitung ist die Verurteilung des Stiefvaters sehr wichtig. Das Lesen dieser Passagen wühlt sie jedoch immer wieder auf. Sie schafft es nie, die mehrere Seiten lange Urteilsbegründung als Ganzes zu lesen. Unfassbar ist für sie, wie viel Berücksichtigung der Täter, ihr Stiefvater, erhielt, angesichts der Tatsache, dass er ihr Leben zerstört hat. Denn selbst als der Missbrauch endlich beendet ist, macht ihr das Leben sehr zu schaffen. Sie fühlt sich allein gelassen mit all dem, was sie durchmachen musste. Als Jugendliche gerät sie in die Drogen- und Kaufsuchtfalle, gibt mehr Geld aus, als sie hat. Mit 19 endlich lässt sie sich in einer psychiatrischen Ambulanz helfen. Sie beginnt eine Ausbildung als Erzieherin und findet in der Arbeit Freude und neuen Lebensmut. Sie arbeitet in Vollzeit und kann sich eine kleine Wohnung leisten. Und dennoch hat sie immer wieder Zusammenbrüche. Manchmal begibt sie sich in stationäre Behandlung. Ihre Arbeit hilft ihr, die Kollegen sind verständnisvoll, und sie kämpft für sich und ihr Leben. Jule will es schaffen, sie hat das Gefühl, das ist sie sich selbst schuldig. Doch bis heute fällt es ihr sehr schwer, sich

Menschen anzuvertrauen, geschweige denn eine Beziehung mit einem Mann einzugehen. Wenn sie jemanden kennenlernt und etwas Engeres entsteht, bricht sie nach drei, vier Monaten den Kontakt ab. Sie weiß, dass sie damit nicht nur andere enttäuscht, sondern auch sich selbst. Eine eigene Familie ist eigentlich ihr großer Wunsch. Sie ist noch jung, sie hofft, es irgendwann zu schaffen. Mittlerweile hat sie zwei, drei enge Freunde, und sie hat Kuscheltiere, denen sie alles anvertraut. Das ist ein Anfang, findet Jule.

Ablauf eines Gerichtsverfahrens

Der Bundesverband der Frauenberatungsstellen und Frauennotrufe in Deutschland geht davon aus, dass überhaupt nur zehn Prozent der Anzeigen tatsächlich vor Gericht verhandelt werden. Die Justiz selbst erhebt solche Daten nicht selbst. Die meisten Verfahren werden also noch vor der Hauptverhandlung von den Staatsanwaltschaften eingestellt.

Ein Strafverfahren ist gegliedert in vier Verfahrensabschnitte:

Im **Ermittlungsverfahren** (auch Vorverfahren genannt) werden durch die Staatsanwaltschaft und mithilfe der Polizei alle Beweise zusammengetragen und der Sachverhalt ermittelt. Ziel ist es zu diesem Zeitpunkt, herauszufinden, ob der Beschuldigte »hinreichend verdächtig« ist. Das bedeutet: Nur wenn der Staatsanwalt davon ausgehen kann, dass am Ende des Gerichtsverfahrens eine Verurteilung wahrscheinlicher ist als ein Freispruch, wird es die nächsten Verfahrensschritte geben. Er stellt also das Verfahren entweder ein oder erhebt Anklage. Wenn Letzteres geschieht, wird dem Beschuldigten eine Vorladung per Post zugesandt.

Im **Zwischenverfahren** entscheidet ein Richter nach Durchsicht der Aktenlage, ob eine Verurteilung wahrscheinlich ist. Aussichtslose Anklagen sollen hier aussortiert werden, ansonsten eröffnet er das Hauptverfahren.

Im **Hauptverfahren** entscheidet sich, ob der Angeklagte verurteilt oder freigesprochen wird. Der Angeklagte erhält den Eröffnungsbeschluss per Post und muss vor Gericht erscheinen. Die Betroffene selbst wird zum Hauptverfahren als Zeugin geladen.

Die Hauptverhandlung beginnt mit dem Aufruf zur Sache. Am Richtertisch sitzen meist zwei Richter und zwei Schöffen, außerdem ein Protokollführer. Der Angeklagte und sein Verteidiger nehmen am Tisch vor dem Richtertisch Platz. Die Betroffene wird als Zeugin erst später gerufen. Seit dem 1. Januar 2017 gibt es für stark belastete Zeugen, also auch und besonders für Opfer von Sexualdelikten, die Möglichkeit einer sogenannten psychosozialen Prozessbegleitung. Hierbei werden Zeugen besonders intensiv über das gesamte Strafverfahren und auch außerhalb des Gerichtsgebäudes betreut. Frauen sollen dadurch die Angst vor der Konfrontation mit dem Täter abbauen und sich sicherer fühlen, wenn sie vor Gericht ihre Aussagen wiederholen müssen. Mehr Informationen zu dieser Form der Prozessunterstützung finden sich weiter unten.

Wenn die Frau auch als Nebenklägerin auftritt, kann sie während des gesamten Prozessverlaufs, also schon bei der Aussage des Angeklagten, im Saal bleiben. Meist wird jedoch vom Richter empfohlen, so lange draußen Platz zu nehmen, bis man als Zeugin befragt wird. Ansonsten sitzt die Nebenklägerin mit ihrem Verteidiger neben dem Staatsanwalt, am Tisch gegenüber des Angeklagten. Der Richter stellt nun die Anwesenheit der beteiligten Personen fest, also auch der Zeugen und Sachverständigen, dann erfolgt eine Belehrung über ihre Aussagepflicht und über die Bedeutung des Eides. Nun verlassen die Zeugen den Sitzungssaal. Der Angeklagte wird nun zur Person vernommen und muss über seine persönlichen Verhältnisse und seinen Werdegang Auskunft geben. Danach verliest der Staatsanwalt die Anklage. Anschließend hat der Angeklagte Gelegenheit, zu den gegen ihn erhobenen Beschuldigungen Stellung zu nehmen. Er hat jedoch das Recht, die Aussage zu verweigern, daraus dürfen ihm keine Nachteile entstehen.

Nun erfolgt die Beweisaufnahme. Hier soll die Schuld oder Unschuld des Angeklagten festgestellt werden. Das ist der Zeitpunkt, zu dem nun die Zeugen, also auch das Opfer des Sexualdelikts, und Sachverständige vernommen werden. Weitere Beweismittel können zum Beispiel Urkunden und Tatortbesichtigungen sein.

Gerichtsverhandlungen finden in Deutschland normalerweise öffentlich statt. Bei zum Beispiel besonders stark traumatisierten Zeugen ist es aber möglich, dass deren Vernehmung unter Ausschluss der Öffentlichkeit und in Abwesenheit des Angeklagten durchgeführt wird. Der Richter berichtet dann hinterher dem Beschuldigten, was in seiner Abwesenheit ausgesagt wurde. Man kann die Vernehmung von besonders schutzbedürftigen Zeuginnen auch an einem anderen Ort als dem Gerichtssaal durchführen und per Videokonferenz in den Gerichtssaal übertragen. Von vielen Frauenvereinigungen wird ein verstärkter Einsatz von Videovernehmungen gefordert. Meist wird diese Form der Aussage aber nur bei Minderjährigen angewendet.

Der Verteidiger des Beschuldigten wird unter Umständen im Verlauf der Beweisaufnahme versuchen, die Vorfälle als einvernehmlichen Geschlechtsverkehr darzustellen. Wenn die Beweislage unklar ist, bei Sexualstrafverfahren ist das oft der Fall, ist dies oft schwer zu entkräften. Als Nebenklägerin hat man jedoch die Möglichkeit, darauf zu reagieren. Fragen vor Gericht dürfen zuerst die Richter stellen, dann Staatsanwälte, Nebenkläger, Verteidiger – in genau dieser Reihenfolge. Fragen nun der Richter und die Staatsanwaltschaft bereits nach für die Zeugin unangenehmen Fakten (wie dem sexuellen Vorleben einer vergewaltigten Frau oder anderen Sachverhalten, die eine Zeugin als Verunsicherung wahrnehmen kann), so darf der Verteidiger der Anklage diese Fragen nicht mehr stellen. Zweimal dürfen vor Gericht nicht dieselben Fragen gestellt werden. Dann wird den Fragen »nicht stattgegeben«.

Zu einer Verurteilung kann es nur kommen, wenn dem Angeklagten seine Straftat überzeugend nachgewiesen wird und jede Zweifel ausgeräumt wurden.

Wenn die Beweisaufnahme abgeschlossen ist, hält erst der Staatsanwalt sein Plädoyer, dann der Verteidiger. Am Ende stellen beide ihre Anträge auf Bestrafung oder auf Freispruch des Angeklagten. Das letzte Wort hat der Angeklagte, wenn er noch etwas sagen möchte.

Für die Urteilsfindung ziehen sich die Richter und Schöffen ins Beratungszimmer zurück. Sie dürfen nur das in Betracht ziehen, was sie während der Verhandlung erfahren haben. Wenn das Gericht noch Zweifel an der Schuld des Angeklagten hat, wird er freigesprochen (»Im Zweifel für den Angeklagten«). Sollte der Angeklagte verurteilt werden, muss sich der Richter nicht an das Strafmaß halten, das der Staatsanwalt beantragt hat.

Nach schweren Sexualstraftaten kann Schadenersatz und Schmerzensgeld beantragt werden – das kann man sogar bereits tun, wenn man den Täter anzeigt. Über das Opferentschädigungsgesetz können Betroffene, die gesundheitliche Schäden davongetragen haben, finanzielle Unterstützung beziehen, auch und besonders für ärztliche und psychotherapeutische Behandlungen. Auch können so Einkommensverluste oder entgangene Rentenleistungen ausgeglichen werden. Einen solchen Antrag kann man ebenfalls bei der Polizei stellen. Wer Opfer häuslicher Gewalt wurde, der kann über das Familiengericht beantragen, dass der Täter keinen Kontakt mit dem Opfer aufnehmen und dass die Wohnung in Zukunft von der Frau allein genutzt werden darf.

Was tut die Justiz für die Opfer?
Psychosoziale Prozessbegleitung
Weil es für Opfer von Gewalt und Sexualdelikten besonders schwer ist, ein Gerichtsverfahren durchzustehen, gibt es seit 1. Januar 2017 die Möglichkeit der psychosozialen Prozessbegleitung. Ein Antrag dazu muss bei Gericht gestellt werden. Zeugen werden hierbei während des gesamten Prozessverlaufs begleitet, und das nicht nur im Gerichtsgebäude selbst. Sie werden informiert über bestehende Opferschutzmaßnahmen (Geheimhaltung der Wohnortadresse vor Gericht, Ausschluss der Öffentlich-

keit etc.) und darüber, wie ein Gerichtsverfahren abläuft und welche Rechte und Pflichten man als Zeugin oder Nebenklägerin hat. Das Gebäude und der Gerichtssaal können gemeinsam vorher besucht werden, so kann sich die Zeugin darauf einstellen, wer wo sitzt und wer welche Aufgaben hat und vor allem, wo sie selbst Platz nehmen wird.

Die Betreuer können einen sicheren Warteraum organisieren, sodass es für die Frau außerhalb der Verhandlung nicht zu einer Begegnung mit dem Angeklagten kommt. Die Betreuer verbringen die Wartezeiten mit der Zeugin und sitzen auch während der Verhandlung an der Seite der Frau, wenn sie es denn wünscht.

Nach der Verhandlung wird das Urteil gemeinsam besprochen. Wenn es zu einem Berufungs- oder Revisionsverfahren kommt, wird die Begleitung fortgeführt. Auch erhält die Frau bei Bedarf Unterstützung bei der Suche nach einem geeigneten Therapeuten. Der Begleiter wird jedoch mit der betroffenen Frau nicht über Sachverhalte des Prozesses sprechen. Für eine rechtliche Beratung sind die Anwälte zuständig, finanzielle Hilfe für diese Anwaltskosten kann man ebenfalls bei Gericht beantragen.

Täter-Opfer-Ausgleich

Das Verfahren des Täter-Opfer-Ausgleichs soll dem Opfer vor allem dabei helfen, das erlittene Unrecht zu bewältigen. Anders als im normalen Strafverfahren muss sich der Täter ganz konkret damit auseinandersetzen, welche Verletzungen und Schäden seine Tat beim Opfer angerichtet hat. Das kann materiellen Schaden betreffen, genauso aber auch die seelischen Verletzungen, die persönlichen Kränkungen, die Ängste, die durch seine Tat hervorgerufen wurden. Ein Täter-Opfer-Ausgleich wird nie gegen den

Willen des Opfers durchgeführt und auch nur dann, wenn der Täter ernsthaft gewillt ist, die Verantwortung für die Tat zu übernehmen. Es ist eine Form selbstbestimmter Konfliktbewältigung seitens des Opfers, verbunden mit dem Wunsch, Gerechtigkeit wiederhergestellt zu haben. Oft wird dieses Verfahren daher von der Staatsanwaltschaft oder der Polizei angeregt, es gehört aber nicht zum eigentlichen Strafverfahren.

Die Rolle der Sachverständigen und Gutachter – eine kritische Betrachtung

In praktisch jedem Sexualstrafverfahren kommen Sachverständige zum Einsatz: Biologen, um DNA-Proben zu analysieren, Psychologen, um Glaubwürdigkeitsgutachten zu erstellen, Psychiater, um eventuelle Beeinträchtigungen der Schuldfähigkeit des Angeklagten zu bemessen, und Mediziner, um über Verletzungen von Opfer und Täter zu berichten. Mindestens ein Sachverständiger aus einem der unterschiedlichen Fachgebiete ist laut Richter Caspari normalerweise in einer Verhandlung mit dabei. Die Befunde sollen sachlich und unparteiisch sein. Sie sollen dem Richter helfen, ein faires Urteil zu sprechen. Die Gutachten werden in der Regel vom Gericht oder der Staatsanwaltschaft in Auftrag gegeben, jedoch können auch Strafverteidiger des Angeklagten Gutachten in Auftrag geben und diese in der Verteidigung vorbringen.

Doch Gutachten stehen immer wieder in der Kritik. So gilt zum Beispiel der Prozess rund um die Vorwürfe gegen Wettermoderator Jörg Kachelmann als »Schlacht der Gutachter«. Er wurde im Jahr 2011 der besonders schweren

Vergewaltigung und Körperverletzung seiner damaligen Geliebten angeklagt. Nach einem medial mit großem Interesse verfolgten Verfahren wurde er schließlich freigesprochen. Es sind in diesem Prozess rund 20 Gutachter zum Einsatz gekommen, um Verletzungen auf Fremd- oder Selbstverschuldung zu bewerten, die Glaubwürdigkeit von Angeklagtem und Nebenklägerin zu beurteilen, und wieder andere, um die Gutachten anderer Sachverständiger zu begutachten. Die meisten dieser Gutachten wurden von der Verteidigung Kachelmanns in Auftrag gegeben.

Spätestens seit diesem Prozess ist auch Laien klar, wie groß der Einfluss solcher Gutachten auf die Verhandlung und am Ende auf das Urteil des Richters ist. Was aber, wenn das Gericht und die Verteidiger im Prinzip wissen würde, welcher Sachverständige zu welcher Art von Bewertung gelangt? Wenn Sachverständige womöglich von ihrem Auftraggeber (dem Gericht, dem Staatsanwalt oder dem Strafverteidiger) eine Tendenz genannt bekommen, in welche Richtung das Gutachten bitte zu lauten habe? Jeder vierte Sachverständige erhält gelegentlich ein solches Tendenzsignal – zu dieser bedrückenden Erkenntnis kommt eine Studie von 2014, für die medizinische und psychologische Sachverständige aus Bayern anonym befragt wurden. Im Durchschnitt gaben 25 Prozent von ihnen an, diese Art der Beeinflussung schon erlebt zu haben. Gleichzeitig beziehen viele Gutachter einen wesentlichen Teil ihrer Einnahmen aus den Aufträgen der Gerichte. Für die gutachterliche Unabhängigkeit und unser Rechtssystem ist das ein katastrophales Ergebnis. Denn wenn man außerdem weiß, dass der Kreis der Sachverständigen in Deutschland relativ überschaubar ist, dann wird das umso mehr zu einem Problem. »Viele Gutachter sind ausschließlich Sachverständige fürs Gericht und leben davon, dass sie Aufträge von der Justiz erhalten – oder von Strafverteidigern. Die Verlockung ist dann selbstverständlich groß, das Gutachten im Sinne des Richters bzw. des Anwaltes zu erstellen«, sagte die Psychologin und Sachverständige Dr. Hanna Ziegert 2013 in der Talkshow »Beckmann«. Die Medizinerin Ursula Gresser, in deren Institut die wissenschaftliche Studie durchgeführt wurde, meinte dazu: »Ich kenne Gutachterkollegen, die von Richtern nicht nur Andeutungen, sondern teilweise sogar ganz klare Ansagen erhalten haben, wie ihre Gutachten auszugehen haben. Aber keiner spricht offen darüber – in Gutachterkreisen ist es ein offenes Geheimnis. Und wenn jemand diese Missstände in der Öffentlichkeit benennt, wie etwa Frau Dr. Hanna Ziegert im Talk bei Beckmann, dann passiert genau das, wovor alle Angst haben: Sie werden in Zukunft als Sachverständige abgelehnt und erhalten keine Aufträge mehr. Hier endet der Rechtsstaat.«

Ganz sicher muss nicht ein Berufsstand als Gesamtes infrage gestellt werden oder grundsätzlich an der Unabhängigkeit von Gutachten in einem Strafprozess gezweifelt werden. Aber es ist wichtig, diesen Fakt und die damit verbundene Einflussnahmemöglichkeit durch Richter und Verteidiger auf Gutachten und die Urteilssprechung zu benennen. Wir gehen in diesem Buch ja vor allem der Frage nach, warum so viele Frauen schweigen, warum so wenige anzeigen, warum so wenige Verfahren mit einer Verurteilung enden. Eine Antwort könnte sein, dass die betroffene Frau vorausahnt, dass der Täter beispielsweise angesichts größerer finanzieller Möglichkeiten und seines gehobeneren gesellschaftlichen Standes von Anfang an eine bessere Position innehat. Genau das haben etliche

Frauen als Grund genannt, warum sie lieber alles für sich behalten. Bei Fällen, in denen ein Prominenter mit Vermögen beteiligt war, wurde allzu oft die vermeintliche Unglaubwürdigkeit des Opfers durch vom Angeklagten persönlich in Auftrag gegebene Gutachten »belegt«. Als Journalistin, als Frau und als Teil unserer Gesellschaft wünsche ich mir eine ehrlichere Berichterstattung auch über diese Problematik in Sexualstrafverfahren.

Wenn ein Trauma das Leben beherrscht

»Irgendwo in mir drin muss was ganz Starkes sein. Sonst hätte ich das nicht überlebt, sonst hätt ich wahrscheinlich als Kind schon aufgegeben. Das gibt mir Kraft. Dann sage ich mir: dein Wille, an diesem Leben teilzunehmen, der ist groß.«

Patricia, 51

»Oh Gott, da hab ich heute noch 'n Trauma von!« Der Satz sagt sich so leicht und wird meist verwendet, wenn man etwas Unangenehmes erlebt hat und froh ist, es hinter sich zu haben. Was Menschen tatsächlich durchmachen, wenn sie durch ein Ereignis schwer traumatisiert sind, liegt für die meisten von uns außerhalb jeglicher Vorstellungskraft. Dann gehorcht der Körper nicht länger, und das Urvertrauen in sich selbst ist verloren. Die vom Gehirn entwickelten Schutzmechanismen verselbstständigen sich, und was eigentlich von der Natur für Notsituationen gedacht ist, wird zum Dauerzustand mit wiederkehrenden Angst- und Panikattacken. Man würde so gerne funktionieren, doch stattdessen werden die Symptome immer stärker. Das Trauma hat sich drangeheftet wie ein unermüdlicher Verfolger.

Betroffene leiden in der Folge unter einer oder sogar mehreren mit dem Trauma einhergehenden Krankheiten. Oft sind dies psychische Erkrankungen wie Ess- oder

Persönlichkeitsstörungen, Zwänge oder Sucht. Auch körperliche Beschwerden wie Schmerzen sind nicht selten. Besonders häufig tauchen komplexe Krankheitsbilder auf, vor allem dann, wenn die sexuelle Gewalt über einen längeren Zeitraum oder der Missbrauch schon in der Kindheit erlebt wurde. Dabei müssen die Beschwerden nicht unmittelbar nach der Tat erfolgen, manchmal geschieht dies erst Jahre später.

Wenn ein Trauma nicht behandelt wird, ist das tägliche Leben für die Betroffenen sehr schwer zu meistern. Auch Angehörige stehen häufig vor einer großen Herausforderung. Doch wer erkennt, dass er nicht »verrückt« ist, sondern seine Beschwerden eine natürliche Reaktion auf ein traumatisches Erlebnis sind, der hat den ersten Schritt in Richtung Heilung unternommen.

Was ein Trauma ist, auf welche Arten es sich körperlich darstellen kann und welche Wege es gibt, um eine Zukunft ohne Trauma zu beschreiten, das soll im Folgenden erklärt werden.

Linda, 60 Jahre alt, hat Sexualität nur als Missbrauch kennengelernt

Bevor sie mit der Therapie begann, bestand Lindas Körper nur noch aus Schubladen, in die sie all das hineinstopfte, was ihr Qualen bereitete. Rein damit, Schublade zu, dann war alles Böse erst mal verschwunden. In jungen Jahren kann man viel verdrängen, erst mit dem Älterwerden, wenn die Kindheitserinnerungen ohne Vorankündigung auftauchen und Schmerzvolles zutage bringen, wird Linda deutlich, was sie im Laufe der Jahrzehnte verloren hat: das eigene Ich. Bis heute ist sie auf der Suche nach diesem

Ich, von dem sie keine Ahnung hat, wie es sich anfühlen könnte. Herauszufinden, wer sie wirklich ist, ist eines der Ziele, die sie im Leben noch hat. Doch eine andere Suche hat sie aufgegeben: Sie wird wohl nie erfahren, was für ein Gefühl es ist, eine normale Sexualität zu haben. Mit ihren sechzig Jahren weiß sie nicht, wie erfüllender Sex sich anfühlt, was man dabei empfinden kann. Lust? Was ist das? Sie kennt Sex nur als Missbrauch. Ihr ganzes Leben ist geprägt von sexueller Gewalt. Manchmal hat sie den Traum, einmal diese Erfüllung zu erleben, von der sie in Büchern liest. Sie stellt es sich so vor, dass zwei Menschen ein wunderschönes Erlebnis zusammen genießen.

Alles beginnt, als Linda, ihre Eltern und ihre vier Geschwister in eine neue Wohnung ziehen. Die Eltern streiten viel, es gibt häufig häusliche Gewalt unter den Eheleuten. Kurz nach dem Umzug schlägt die Mutter ihren Mann und wirft ihn hinaus. Linda erinnert sich noch daran, wie der Vater auf der Straße stand. Die fünf Kinder, zwei Jungen und drei Mädchen, schlafen von nun an im Elternschlafzimmer, die beiden Jungen in einem Stockbett, die drei Mädchen im einstigen Ehebett. Die Mutter bezieht das kleine Zimmer nebenan.

Lindas älteste Schwester Kerstin hat schon einen Freund, wohnt die Woche über meist bei ihm und kommt nur am Wochenende nach Hause. Dann ist die Freude groß, die »Fünferbande« ist wieder vereint. Irgendwann bleibt der Freund über Nacht. Man entscheidet, dass sich Linda und ihre jüngere Schwester Sabine die eine Ehebetthälfte teilen, Kerstin und ihr Freund die andere – immerhin ist die Schlafstätte breit genug.

Linda ist zwölf Jahre alt, als sie eines Nachts aufwacht und einen Schmerz verspürt, den sie nicht kennt und zuerst nicht lokalisieren kann. Sie will schreien, ihre Schwestern um Hilfe rufen, aber es ist ihr nicht möglich, denn jemand drückt seine Hand schwer auf ihren Mund. Es ist die Hand von Kerstins Freund, wie sie schließlich in dem diffusen Licht, das von draußen hereinfällt, erkennt. Er lässt erst von ihr ab, als Linda keine Kraft mehr hat, gegen ihn aufzubegehren. Sie hat Angst und blickt hilfesuchend zu ihrer Schwester. Da sieht sie, dass Kerstin gar nicht schläft. Linda versteht plötzlich gar nichts mehr. Ihre Schwester sieht, was der Freund mit ihr macht, und dreht sich einfach um? Erst Jahre später fragt sie: »Warum bist du nicht dazwischengegangen, du hast doch alles gesehen?« Die Antwort ihrer Schwester macht sie fassungslos: »Aber was hätte ich denn tun sollen?«

Am nächsten Morgen bemerkt sie, dass sie extrem geblutet hat. Auch ihrer Mutter entgeht das nicht. Sie vermutet, dass Linda zum ersten Mal ihre Periode bekommen hat. Als Linda erzählt, was in der Nacht passiert ist, gibt ihr die Mutter eine schallende Ohrfeige. »Du bist ein Mädchen, und als Mädchen musst du da durch.« Sie solle solche Dinge nicht breittreten. Auch Kerstins Freund droht ihr: »Wenn du den Mund aufmachst, dann blüht dir was.«

Linda will gar nicht wissen, was ihr »blühen« könnte, also spricht sie nicht darüber. Drei Jahre geht das so. In dieser Zeit ist Kerstins Freund nicht der einzige Mann, der sich an ihr vergeht. Wenn die Mutter abends in ihr Zimmer gelangen will, muss sie durch das einstige elterliche Schlafzimmer gehen. Sie hat immer wieder Männerbekanntschaften, die sie mit nach Hause bringt, darunter einen Mann mit einer Armprothese. Auch diese Männer liegen plötzlich im Bett der Kinder und belästigen Linda und bald auch ihre jüngere Schwester Sabine. Die Mutter weiß davon und sagt nur: »Stellt euch nicht so an, das gehört dazu, wenn man eine Frau ist.« Wenn Linda mit Sabine über das Erfahrene reden will, blockt diese nur ab. Jeder in der Familie schweigt, auch die Jungs sagen kein Wort, wollen mit den »Frauengeschichten« nichts zu tun haben.

Der nächste Mann, bei dem sie sich nicht so anstellen soll, ist ein Gastwirt, der in der Nähe ein Lokal hat und bei dem sie hin und wieder kleine Tätigkeiten verrichtet, um sich ein Taschengeld zu verdienen. »Er braucht heute Abend deine Hilfe«, sagt die Mutter eines Tages am Küchentisch. Linda ist klar, dass sie zu gehorchen hat, eine andere Wahl bleibt ihr nie in dieser Familie, so ist sie erzogen worden. Dennoch ist ihr mulmig zumute. Wieso am Abend? Sie hat bislang nur tagsüber bei ihm ausgeholfen.

Linda geht zu der vereinbarten Zeit in das Lokal. Dieses Mal soll sie nicht wie sonst Regale auffüllen oder im Keller etwas einräumen, sondern ein paar Platten mit angerichteten Brötchenhälften im Auto verstauen. Als Nächstes befiehlt ihr der Gastwirt, ins Auto zu steigen, denn er muss die Brötchen irgendwo abliefern. Eigentlich könnte Herr H. das auch allein erledigen, überlegt Linda, aber sie hat gelernt, nicht zu viele Fragen zu stellen.

Auf dem Heimweg nimmt Herr H. ihre Hand und steckt sie sich in die Hose. Kurze Zeit später hält er an einem dunklen Parkplatz an, greift ihr in die Haare und zieht ihren Kopf zu seinem erigierten Penis. Wieso passiert immer mir so etwas?, fragt Linda sich. Von ihren Klassenkameradinnen hat sie so etwas nie gehört.

Bald hält Linda es nicht mehr zu Hause aus und läuft weg. Sie will nie mehr an diesen Ort zurückkehren, an dem sie so viel Schmerzhaftes erlebt hat. Geborgenheit hat sie in diesem Zuhause sowieso nicht erlebt. Per Anhalter fährt sie mit den wenigen Sachen, die ihr wichtig sind, Richtung Süden. Sie weiß nicht, wohin sie will, lässt sich treiben. In einer Stadt am Rhein, rund sechzig Kilometer vom Wohnort ihrer Mutter entfernt, trifft sie auf der Straße obdachlose Jugendliche. Sie erzählt ihnen, was in ihrem Leben passiert ist und dass sie gerade von zu Hause ausgerissen ist. »Komm mit uns. Wir leben unter einer Brücke, haben da eine richtige kleine Gemeinschaft«, sagen die Jungen und Mädchen, die selbst aus unterschiedlichen Gründen von zu Hause weggelaufen sind.

Nach drei Wochen unter der Brücke lernt sie den Pfarrer kennen, der sich um die Jugendlichen kümmert. Er redet mit ihnen und bringt Essen mit. Zu Linda sagt er: »Willst du nicht mal zu uns nach Hause kommen und duschen?« Das hört sich gut an, die Pfarrersfamilie ist sehr freundlich und fragt Linda, ob sie nicht bleiben wolle, sie könnten gut jemanden gebrauchen, der auf die kleinen Kinder aufpasst. Der Pfarrer schlägt auch vor, dass er und seine Frau gemeinsam mit Linda zu ihrer Mutter fahren, um die Situation zu klären. Alles solle seine Ordnung haben. Linda nickt, sie hat schon länger den Gedanken, dass sich ihre Mutter und Geschwister bestimmt Sorgen um sie machen und nach ihr suchen. Das Pfarrersehepaar fährt mit ihr zur Mutter und erklärt ihr, dass sie sich gerne um Linda kümmern würden. Die Mutter reagiert emotionslos: »Nehmen Sie sie mit, ich brauche sie nicht.« In diesem Moment begreift Linda: Niemand hat sie in den vergangenen Wochen gesucht. Niemand ist zur Polizei gegangen.

Es gefällt Linda in ihrer neuen Familie, sie kümmert sich gerne um die kleinen Kinder und hilft im Haushalt. Eines Tages kreuzt ihre älteste Schwester bei ihr auf. Mitt-

136

lerweile arbeitet Kerstin als Krankenschwester und schlägt vor: »Du wolltest doch auch immer Krankenschwester werden. In der Klinik, wo ich arbeite, habe ich einen Praktikumsplatz für dich ergattert.«

Linda wäre gern Ärztin geworden, das war immer ihr Traum als Kind. Aber sie weiß, dass ihre Noten nicht gut genug sind und eine Ausbildung zur Krankenschwester der realistischere Beruf ist. Den würde sie tatsächlich gerne lernen! Noch ist sie zu jung, um die Ausbildung zu beginnen, aber das Praktikum erscheint ihr eine gute Idee. Sie bespricht alles mit dem Pfarrer und seiner Frau und geht schließlich mit der Schwester mit. Keinen Moment denkt Linda daran, dass nicht nur ihre Schwester ein Interesse daran haben könnte, dass sie zurückkehrt und diese Stelle annimmt, sondern auch ihr Schwager – jener Mann, der sie über Jahre vergewaltigt hat.

Linda wohnt auf dem Krankenhausgelände in einem Zimmer mit einer anderen Praktikantin zusammen. Ihr Schwager lauert ihr schon bald darauf auf. Eines Nachmittags kocht Linda gerade für ihren Vater ein Essen. Zu ihm hat sie wieder Kontakt aufgenommen, seit sie von zu Hause weggelaufen ist. Er wohnt in der Nähe, sie sorgt ein bisschen für ihn. Aber erzählen, was sie durchgemacht hat, kann sie ihm nicht. Er ist sehr viel älter als ihre Mutter und schon gebrechlich. Klassenkameradinnen haben ihn immer für ihren Großvater gehalten.

Als es klingelt, öffnet sie die Tür. Es ist ihr Schwager. Offenbar weiß er, wann ihre Mitbewohnerin Dienst hat. Noch bevor Linda die Tür zuschlagen kann, packt er sie und drückt sie aufs Bett.

Und so fängt alles wieder von vorne an. Linda ist so allein und verzweifelt, dass sie irgendwann keinen anderen Ausweg sieht, als sich das Leben zu nehmen. Sie kann nicht mehr, und sie will auch nicht mehr, denn sie hat kein Vertrauen, dass sich an ihrer Situation je etwas zum Guten ändern wird. Nach und nach nimmt sie Tabletten aus der Krankenhausapotheke und schluckt dann alle auf einmal. Man findet sie noch rechtzeitig, in der Klinik wird ihr der Magen ausgepumpt. Als sie auf der Intensivstation wach wird, fragt man sie, was sie denn nur getan habe. Ihr Schwager, der aus Angst, Linda könne der Ärztin alles erzählen, ins Krankenhaus gekommen ist, gibt als Antwort: »Sie hat die Tabletten verwechselt, eigentlich muss sie andere nehmen, um ihre schreckliche Migräne zu bekämpfen.« Linda hatte noch nie Migräne. Doch die Ärztin forscht nicht weiter nach.

Während sie auf der Intensivstation liegt, überfluten Linda zerstörerische Gefühle. »Du hast das alles selbst herbeigeführt. Die Art, wie du mit deinem Schwager geredet hast ... da musste er ja glauben, dass er das tun darf. Du bist selbst schuld. Du hast nichts Besseres verdient. Auf deiner Stirn steht das Wort Hure geschrieben, es ist kein Wunder, dass sich alle an dir vergreifen.«

In Lindas Leben folgen noch etliche Übergriffe, nie gelingt es ihr, eine liebevolle Beziehung zu einem Mann aufzubauen. Sie lernt nie kennen, was es heißt, mit jemandem zärtlich zu sein.

Linda sieht keinen Wert in sich, hat das Gefühl für sich selbst verloren. Erst mit Mitte 50 geht sie zu einer Therapeutin und spricht über die Erlebnisse aus ihrer Kindheit. Ihr kann sie alles erzählen, was sie quält. Die Therapeutin hört ihr intensiv zu, das allein verschafft Linda eine große Erleichterung. Sie wird nicht verurteilt. In der Therapie erkennt Linda, dass sie keine Schuld trifft. Aber die see-

lischen Probleme sind noch immer groß. In Kürze wird
Linda eine stationäre Traumatherapie beginnen.

Daniela, 30, durch gewaltsame Kindheit traumatisiert

Daniela hat innerhalb weniger Monate 40 Kilogramm
zugenommen. Sie versucht noch immer, ihre von Gewalt geprägte Kindheit zu verarbeiten. Ihr Stiefvater hat
sie adoptiert, noch bevor sie geboren wird. Doch er ist
kein liebevoller Vater, sondern extrem gewalttätig. Wenn
sie nicht tut, was er von ihr verlangt, wird sie geschlagen, sogar erbrochenes Essen muss sie wieder in sich
hineinstopfen. Wenn er getrunken hat, ist es besonders
schlimm. Mehrmals passiert es, dass er ihr die Faust in
den Unterleib rammt, ihr in die Scheide boxt. Ihre Mutter weint nur, sie ist mit dem Ehemann und der Situation
überfordert. Daniela tröstet sie: »Mama, Mama, bitte nicht
weinen.«

Mit elf Jahren läuft sie von zu Hause fort, doch die Polizei greift sie auf, und das Jugendamt bringt sie zu einer Ju-
gendschutzstelle, einer betreuten Wohngemeinschaft für
Mädchen. In dieser Zeit rutscht sie völlig ab, nimmt Drogen – Amphetamine, Opiate, LSD und Alkohol – und beginnt, sich selbst zu verletzen. Sie denkt oft an ihre Mutter,
sehnt sich nach ihrer Liebe, idealisiert die Mutter und ihr
Verhältnis zueinander.

Als die Mutter es endlich schafft, sich von Danielas
Stiefvater zu trennen, kehrt Daniela nach Hause zurück.
Es stellt sich jedoch heraus, dass der neue Freund der Mutter auch nicht viel besser ist. Er befiehlt ihr, sich abends
nackt auszuziehen, dann masturbiert er in ihrer Gegen-

wart. Als Daniela ihrer Mutter davon erzählt, schreit diese wutentbrannt: »Du bist an allem schuld, das sind Lügen! Das bildest du dir nur ein.«

Daniela kauft ihrer Mutter Blumen. Es tut ihr leid, dass sie ihr Sorgen bereitet hat, und sie nimmt alle Schuld auf sich. Niemand steht dem Kind bei und erklärt ihr, dass nicht sie die Fehler macht, sondern andere.

Den Missbrauch in der Kindheit, den Verlust von Vertrauen und die seelischen Verletzungen versucht sie zurzeit in einer Therapie zu verarbeiten. Sie hat ein Nähe-Distanz-Problem, alle zwei Jahre kommt sie in eine Klinik. Im Zuge der Aufarbeitung entschließt sich Daniela, eine Strafanzeige gegen ihren Stiefvater zu stellen. Doch sie hat keine Beweise, alles ist schon Jahre her, und die Mutter hält zu ihrem Ex-Mann. Vor Gericht stellt sie Daniela als Lügnerin dar. Im direkten Gespräch wirft sie ihr an den Kopf, sie solle endlich »mit diesen alten Kamellen« aufhören, es sei doch nur »ein Klacks« gewesen, was er ihr angetan habe.

In dieser Zeit beginnt Danielas extreme Gewichtszunahme. Sie unternimmt einen Suizidversuch, weiß einfach nicht mehr weiter. Daniela weist sich schließlich erneut in die Klinik ein, um für sich selbst keine Gefahr mehr darzustellen.

Heute lebt Daniela in einer Beziehung mit einer Frau. Sie weiß, dass sich ihre Mutter nicht ändern wird. Und sie hat entschieden, niemals so zu werden wie sie.

Was ist ein Trauma, und wie werde ich es wieder los?

Ein Trauma ist eine seelische Verletzung, die auf eine extrem bedrohliche Situation folgt. Wenn man sehr großer Gefahr ausgesetzt ist (wie bei einer Vergewaltigung), erlebt man massive Angst. Kann man sich nicht selbst aus der Situation befreien, sondern ist hilflos und erlebt womöglich Todesnähe, steigt der Körper emotional aus der Situation aus und spaltet das Erlebnis ab. Das, was aus einer solchen Situation resultiert, »die Unmöglichkeit, fliehen zu können, die ununterbrochene Furcht, das ist die seelische Verletzung, das Trauma«, erklärt mir der Kölner Traumatherapeut Michael Kopper im Gespräch. Grundvoraussetzung für ein Trauma ist also eine charakteristische Situation: das Erlebnis selbst und die Reaktion darauf, diese massive Angst und Todesnähe. Fachleute bezeichnen das Trauma auch als eine »unterbrochene Handlung«, in der Betroffene den natürlichen Reflex zu fliehen nicht anwenden konnten. Deswegen gelingt es Menschen, die sich selbst aus einer bedrohlichen Situation befreien konnten, sehr viel besser, diese zu verarbeiten.

Alle lebensrettenden Maßnahmen werden in einer traumatischen Situation aktiviert: Der Mensch will kämpfen oder fliehen, doch meist gelingt beides nicht. Die Vergewaltigung wird zu einem unaussprechlichen Schrecken, und weil man nicht fliehen kann, flieht die Psyche – es kommt zu einer sogenannten Abspaltung. Betroffene Frauen erzählen: »Ich habe das alles wie in einem Film erlebt.« Der Körper versucht auf diese Weise, die Situation als Derealisation zu verarbeiten, als etwas, das nicht wirklich passiert ist. Betroffene sagen auch: »Ich stand neben mir.« Dies ist ebenfalls eine natürliche Strategie des Menschen, eine sogenannte Depersonalisierung.

»Die Momente, die sehr wehgetan haben, versucht man später im Leben auszuklammern. Sie werden sozusagen in einen anderen Gedächtnisspeicher verfrachtet und dort eingekapselt. So kann man unter Umständen gut über das Ereignis sprechen, ohne aber diese erhebliche emotionale Belastung zu empfinden. Man nennt das ein Traumagedächtnis«, so Kopper. Die Erinnerungen können plötzlich auftreten, sie werden unkontrolliert wiederbelebt. Dann sind die extremen Erregungszustände von damals wieder da und alle damit verbundenen Bilder und Ängste. Wieder möchte man kämpfen und fliehen, und weil es abermals nicht geht, reagiert man mit Aggression (Kampf), erstarrt (der Totstellreflex) oder fühlt Panik in sich aufsteigen (die nicht mögliche Flucht). Das kann so weit gehen, dass die Betroffene von ihren eigenen Gefühlen derart überflutet wird und alles nochmals intensiv erlebt, sodass es zu einer Re-Traumatisierung führen kann. In der Traumatherapie wird dies »Hijacking« genannt.

Da es nicht gelungen ist, sich aus eigener Kraft aus der bedrohlichen Situation zu retten und die eigene Unversehrtheit zu beschützen, entwickeln einige der Betroffenen im Laufe der Zeit Schuldgefühle. Sie wünschen sich so sehr ein gutes Ende, dass manche zum Täter zurückkehren. Für Außenstehende ist dieser Schritt oft schwer zu verstehen. Und selbst wenn die Opfer sich später vom Täter lösen, kann es passieren, dass sie trotzdem wieder die Nähe eines Menschen suchen, der dem Täter ähnlich ist – noch immer in der Hoffnung auf einen positiven Ausgang. So seltsam und widersprüchlich es auch erscheinen mag, die Psychologie hat dafür eine Erklärung: Es ist der unbewusste Wunsch, von einem Menschen, der genau die für ihn gefährlich werdenden Eigenschaften besitzt, letztlich beschützt zu werden.

Der Traumatherapeut Michael Kopper erklärt einen weiteren interessanten Aspekt: Viele Frauen erzählen, dass ihnen selbst die Mutter nicht geglaubt hat, und in der Öffentlichkeit erleben wir ebenfalls, dass man Zweifel an den Aussagen der Opfer hegt, weil das, was erzählt wird, im wahrsten Sinne des Wortes für andere »unglaublich« ist. Kopper erklärt das Verhalten der Außenstehenden so: »Alle Menschen haben sogenannte Sicherheitsillusionen, das sind Illusionen darüber, dass die Welt ein sicherer Ort ist. Ich gehe selbstverständlich davon aus, dass ich den nächsten Tag erlebe, dass ich in der Dunkelheit keine Angst zu haben brauche, dass der nette Mann von nebenan mir nichts tun wird. Es ist die Illusion darüber, dass ich selbst so etwas wie eine Vergewaltigung nie erleben werde, da sie außerhalb der eigenen Erwartungen liegt. Die Sicherheitsillusionen der Angehörigen verhindern deswegen, dass dem Opfer geglaubt wird. Sie können es sich nicht vorstellen, dass das tatsächlich passiert, weil sie ihre eigenen Sicherheitsillusionen schützen möchten.«

Als Folge ihres Traumas weisen Betroffene zahlreiche Symptome und Krankheitsbilder auf. Sie haben sehr oft große Probleme, Nähe zuzulassen und eine normale, vertrauensvolle Beziehung zu führen. Viele haben ein gestörtes Körpergefühl, nehmen zum Beispiel stark an Gewicht zu und entwickeln damit eine Art Schutzpanzer. Einige Symptome sind auf den ersten Blick nicht erkennbar als Folge eines Traumas durch sexuelle Gewalt, wie ständige Rückenschmerzen, Kopfschmerzen, Magen-Darm-Beschwerden oder Herz-Kreislauf-Probleme. Außerdem treten sehr häufig Angstzustände auf, wie Panikattacken, Ängste, das Haus zu verlassen, alleine oder unter Menschen zu sein.

Die im Folgenden beschriebenen Symptome gehen in manchen Fällen einher mit sexuellem Missbrauch. Keines dieser Symptome ist jedoch ein Indikator für sexuelle Gewalt. Auslöser für Beschwerden dieser Art können sehr unterschiedlicher Natur sein, viele andere Erlebnisse rufen gleiche Krankheitsbilder hervor. Aber es ist für Betroffene eine Beruhigung zu wissen, dass ihre Krankheitssymptome die Folge der traumatischen Situation sind, die sie durchlebt und unter Umständen ein halbes Leben lang vor sich und anderen verborgen haben. Und es ist vielleicht die noch wichtigere Information, dass sie durch eine gezielte Traumatherapie behandelbar sind.

Körperliche und psychische Symptome eines Traumas durch sexuelle Gewalt

Körperliche Übererregung
In der traumatischen Situation hat der Körper eine sogenannte Bereitstellungsreaktion gezeigt. Es wurde Adrenalin ausgeschüttet, was zu erhöhter Herz- und Atemfrequenz führte und zu mehr Sauerstoff im Körper. Die sogenannte Fluchtmuskulatur der Beine und die Schutzmuskulatur in Brust, Bauch und Hals waren angespannt. Da eine Flucht nun aber nicht vollzogen werden konnte, wird diese Erregung als unterbrochene Handlung abgespalten. Wegen dieser Unterbrechung kann die Betrof-

fene die Situation nicht verarbeiten und erlebt auch lange danach noch eine Wachsamkeitsstellung: Sie ist leicht erregbar, ständig auf der Hut, bereit zur Flucht. Schon ein leichtes Geräusch lässt sie erschrecken, am liebsten würde sie weglaufen. Diese Überwachsamkeit hat das Ziel, sich vor einer erneuten Bedrohung zu schützen.

Das Wiedererleben

Die im Traumagedächtnis gespeicherte Übererregung kann wiederbelebt werden. Auch das dient dem eigenen Schutz: Wenn man nun erneut in eine ähnliche Situation geraten würde oder auch nur daran erinnert wird oder daran denkt, wird dieses Schema in Bruchteilen von Sekunden aktiv. Man durchlebt die traumatische Situation, als wäre sie wieder da, handelt genauso, erlebt erneut die Szenen oder Bilder vor dem geistigen Auge, und es kommt wieder zu der extremen Adrenalinausschüttung mit all ihren Auswirkungen.

Vermeidungsverhalten

Da eine Vergewaltigungssituation hochgradig belastend ist, vermeidet die Betroffene sämtliche Reize, die sie erneut in diesen Zustand bringen könnten. Dies sind Situationen, die unübersichtlich sind, wie etwa Menschenansammlungen oder Dunkelheit, bei der sie nicht weiß, was auf sie zukommt. Gerüche, Farben, Wörter, Themen oder Verhaltensweisen von anderen könnten dann an das traumatische Geschehen erinnern. Viele Betroffene verstehen diese Verhaltensweisen selbst nicht, weil sie die traumatische Situation nicht in ihrem Bewusstsein haben – durch den Mechanismus der Abspaltung oder weil das Erlebnis in frühester Kindheit stattgefunden hat. Deswegen sind sie sehr verunsichert, ziehen sich oft von Menschen oder Situationen zurück und beginnen sich zu isolieren. Sie empfinden sich selbst als nicht mehr leistungsfähig, was zu Depressionen führen kann. Betroffene haben förmlich Angst, verrückt zu werden, wenn die Symptome weiter anhalten.

Störungen des Kurzzeitgedächtnisses und der Konzentration

Wer fliehen muss, der darf nicht denken. Aus diesem Grund sorgen bei einer Bedrohung die ausgeschütteten Hormone Adrenalin und Cortisol dafür, dass Menschen in Stresssituationen nicht in Ruhe nachdenken, sondern direkt handeln. Durch den ständig erhöhten Stresspegel reagieren Trauma-Betroffene deswegen sehr impulsiv, beginnen eine Handlung und werden durch einen anderen Gedanken oder einen anderen Impuls abgelenkt, stoppen dann die Handlung und beginnen mit etwas Neuem. Man nennt dies Impulsdurchbruch. Betroffene reagieren auf alle äußeren Reize unkontrollierbar. Es fällt ihnen zum Beispiel schwer, ein Zimmer aufzuräumen. Sie fangen eine Sache an und machen irgendwo anders weiter.

Schonhaltung

Bei vielen Traumapatienten gibt es sowohl eine geistige als auch eine körperliche Schonhaltung. Die geistige äußert sich in Vermeiden und Verdrängen, viele der Frauen in diesem Buch haben dieses Phänomen beschrieben. Manche erleben auch, dass sie buchstäblich im Tagesverlauf einfrieren. Man nennt das »frozen state« – in einer unübersichtlichen, überfordernden Situation erstarren die Betroffenen. Und auch körperlich verfallen Betroffene in eine Schonhaltung. Durch die Anspannung der vorderen Muskelkette (das Sich-klein-Machen) nehmen sie eine Art Kauerstellung ein. Sie gehen gebückt und wachen nachts verkrampft auf. Der Kiefer spannt sich an, lose Zähne und Kopfschmerzen können die Folge sein.

Essstörungen

Ein gestörtes Essverhalten kann eine Folge von sexuellem Missbrauch sein. Manche Frauen nehmen extrem an Gewicht zu, andere stellen das Essen förmlich ein. Eine groß angelegte Studie der University of Bristol kommt zu dem Ergebnis, dass gerade Missbrauch in der Kindheit im späteren Leben sehr häufig zu Bulimie und Magersucht und auch zu Gewichtsproblemen in der Schwangerschaft führt. Bei 10 000 untersuchten Frauen gaben jene, die sexuell missbraucht wurden, doppelt so häufig an, eine Essstörung zu haben.

Vordergründig gelingt es Mädchen und jungen Frauen mit einer Anorexie, sich das Weibliche zu nehmen. Busen und runde Hüften werden einfach weggehungert. Auch die wiedergewonnene Kontrolle über den eigenen Körper wird durch das Hungern manifestiert. Man beherrscht den Körper wieder selbst. Betroffene verlieren bis zu dreißig Kilogramm Körpergewicht innerhalb kurzer Zeit. Durch den Missbrauch entsteht oft eine Körperfeindlichkeit gegenüber sich selbst.

Das Nicht-Essen kann auch der Versuch sein, eine Zufriedenheit herzustellen und körperliches Unbehagen auszuschalten. Unser Belohnungssystem aktivieren wir normalerweise, indem wir etwas essen, das uns schmeckt. Wenn wir aber hungern, werden ebenfalls Endorphine ausgeschüttet, körpereigene Opiate, die dafür sorgen, dass man in der Not Energie zur Verfügung hat. Der Körper stellt sich auf Survival-Modus ein und mobilisiert seine letzten Endorphin-Reserven. Um Magersucht zu behandeln, sind gut gemeinte Ratschläge und logische Argumente wenig sinnvoll. Sie werden zwar von den Betroffenen vernünftig verstanden, können aber meist nicht allein umgesetzt werden. Es ist wichtig, das Belohnungssystem wieder richtig zu »programmieren«.

Selbstverletzungen

Vergewaltigte Frauen mit und ohne Essstörungen neigen nicht selten zu Selbstverletzungen. Sie fügen sich mit Messern, Rasierklingen, Scheren oder Scherben Schnittwunden am Arm oder am Oberschenkel zu. Dabei spüren sie meist keinen Schmerz und fühlen sich sogar eher erleichtert, wenn das Blut fließt. Das Ritzen ist nicht mit suizidalen Absichten verbunden. Viele Frauen sagen, dass sie sich schneiden, weil sie sich nur auf diese Weise »selbst spüren«, denn die eigenen Empfindungen, auch die körperlichen, sind bei ihnen weitgehend gestört. Oder sie ritzen sich, weil sie ihren inneren Schmerz nicht mehr wahrnehmen, sich nicht mehr als schmutzig und abstoßend fühlen wollen. Letztlich ist die körperliche Selbstverletzung ein Anzeichen für eine schwere psychische Belastung.

Persönlichkeitsstörungen

Frauen, die schwere Vergewaltigungen erlebt haben oder als Kind über einen längeren Zeitraum Missbrauch ausgesetzt waren, können als Folge eine Persönlichkeitsstörung entwickeln. Sie neigen dann zu unvorhersehbaren und launischen Stimmungen, emotionalen Ausbrüchen,

Streitsucht und aggressivem Verhalten. Gerade Menschen, die als Kinder vernachlässigt oder misshandelt wurden oder wenig liebevolle Zuwendung erhielten, entwickeln später eine übersteigerte Aggressivität, gepaart mit einer ausgeprägten Gefühlskälte.

Manche Menschen entwickeln als Folge schwerer physischer und psychischer Misshandlung eine sogenannte Multiple Persönlichkeit. Weil sie selbst von der Umwelt verachtet wurden, bestrafen sie sich mit Selbstverachtung. Betroffene fangen dann an, dem Kind, das all die schrecklichen Dinge erleben musste, einen anderen Namen zu geben. Sie spüren plötzlich weitere Personen in sich und schalten jeweils die eine oder andere Persönlichkeit ein und aus.

Eine Borderline-Störung umfasst viele Symptome und ist eine schwere psychiatrische Krankheit. Einige Betroffene sprechen von einer inneren Leere, haben die Empfindung, dass sie gar nicht existent sind. Manchmal fahren die Gefühle Achterbahn, oder es existiert eine große Überempfindlichkeit. Dann reicht ein einziges Wort, um das seelische Gleichgewicht durcheinanderzubringen. Dann wieder beschreiben Betroffene, dass alles düster aussieht, es im Innern unerträglich ist, sodass sie in ihrer Verzweiflung ihr Leben beenden wollen. Borderliner sind sehr impulsiv, ihre Emotionen sind instabil, sie haben Probleme mit zwischenmenschlichen Beziehungen und ihrer eigenen Identität. Über 60 Prozent der Patienten, die mit einer Borderline-Störung in psychiatrischen Kliniken behandelt werden, haben als Hintergrund einen sexuellen Missbrauch.

Angsterkrankungen

Jeder Mensch hat Ängste, und einige von ihnen sind dazu da, uns vor Gefahr zu schützen. Angst kann aber auch bedrohliche Ausmaße annehmen, etwa dann, wenn es starke emotionale Belastungen in der Kindheit gab, bei häuslicher Gewalt und sexuellem Missbrauch. Einige Frauen trauen sich kaum aus dem Haus, weil sie Angst haben, wieder vergewaltigt zu werden oder dem Vergewaltiger zu begegnen. Sie haben Angst, in den eigenen vier Wänden missbraucht zu werden, obwohl sie in großer Distanz zu dem Täter wohnen und versuchen, mit einem neuen Partner ein Leben danach aufzubauen. Sie haben Furcht, sich in großen Menschenmengen aufzuhalten, gehen nie allein in Restaurants oder Cafés, haben Angst vor menschlicher Nähe, insbesondere Angst vor männlicher Nähe. Sie bekommen dann Panikattacken mit Symptomen wie Herzrasen, Zittern, Schwitzen, Schwindel, Luftnot oder der Angst zu sterben. Für die betroffenen Frauen treten diese Attacken meist plötzlich auf, wie aus heiterem Himmel. Die größte Angst haben sie jedoch vor den erdachten Gefahren. Bettina, 46, vom Vater missbraucht, hat es mir so beschrieben: »Als Erwachsene habe ich überhaupt erst begriffen, wie sehr meine Kindheit von Angst durchzogen war. Ich war damals nie sicher, war jeden Tag, jede Minute voller Angst, dass es wieder passiert. Dieses Angstgefühl habe ich auch noch Jahre später gehabt, als ich schon lange nicht mehr mit dem Täter unter einem Dach wohnte, jeden Tag.«

Suchterkrankungen

Vergewaltigte Frauen können verschiedene Süchte entwickeln, am häufigsten sind Drogen-, Alkohol-, Tabletten- und Kaufsucht. All diese Suchtformen stehen ähnlich wie die Essstörungen mit unserem körpereigenen Belohnungssystem in Zusammenhang. Die unterschiedlichen Suchtsubstanzen bewirken im Gehirn eine Ausschüttung von Dopamin, einem Botenstoff, der auch als Glückshormon bekannt ist. Er hat zur Folge, dass sich enthusiastische, euphorische Gefühle einstellen, auf die man dann nicht mehr verzichten will. Und schon hat sich ein Verlangen entwickelt, das gestillt werden muss. Denn durch die positiven Glücksgefühle im Körper können die negativen Gefühle des Traumas besser abgewehrt werden. Menschen, die seelisch instabil sind, meinen dann, sich auf diese Weise stabilisieren zu können.

Albträume und Schlafstörungen durch posttraumatische Belastungsstörung (PTBS)

Die Hilflosigkeit in der traumatischen Situation, der Kontrollverlust, die Tatsache, dass die eigenen Körpergrenzen ignoriert wurden, bewirken bei 50 Prozent aller vergewaltigten Frauen nach der Tat eine posttraumatische Belastungsstörung. Sie ist umso ausgeprägter, je größer die eigene Gefährdung war, je mehr Todesgefahr und Verletzungen erlebt wurden, je enger und intimer die Beziehung zum Täter war und je länger das traumatische Geschehen andauerte. Nächtliche Albträume sind sehr häufig, nach denen man mit Angstschweiß aufwacht, und auch tagsüber drängen sich quälende Gedanken mitten in den Tagesablauf, ohne dass man sich dagegen wehren könnte. Es erfolgen sogenannte Flashbacks, die Betroffene wieder in

die furchtbare Situation zurückversetzen und diese ganz
real erleben lassen. Auch Schlafstörungen, Kopfschmerzen, Verspannungszustände und Schreckhaftigkeit gehen
mit der PTBS einher. Fortwährend lauert da die Angst, das
Erfahrene könnte sich wiederholen. Man geht auch allem
aus dem Weg, was an den sexuellen Übergriff erinnert.

Depressionen und Selbstmordgedanken

Wenn der Missbrauch über einen längeren Zeitraum an-
dauert und gleichzeitig die soziale Unterstützung fehlt,
also Angehörige oder Freunde die Notsituation nicht erkennen und einschreiten, verlieren Betroffene den Glauben in die eigene Sicherheit und Unverletzlichkeit. Viele
der hier beschriebenen Symptome können, wenn sie
nicht behandelt werden, am Ende zu Depressionen und
Suizidgedanken führen. Sollten Betroffene diese Tendenz
bei sich erkennen, sollten sie sich sofort in ärztliche Hilfe
begeben.

Sexualverhalten

Betroffene von sexueller Gewalt haben sehr häufig große
Schwierigkeiten, eine normale, erfüllte Sexualität zu erleben. Körperliche Nähe ist von Nötigung, Angst und
Schmerz geprägt und das natürliche Interesse an Zärtlich-
keit verschüttet. Manche beschreiben, dass sie zwar ein
Bedürfnis nach inniger Zweisamkeit haben, in der konkreten sexuellen Begegnung aber erstarren, nicht entspannen
und schon gar nicht genießen können. Durch eine spätere,
liebevolle Beziehung kann sich diese Blockade mit der
Zeit auflösen. Dabei hat der Zeitpunkt, zu dem die sexuelle Gewalt stattfand, eine nicht unerhebliche Bedeutung.
Durch Missbrauch in der Kindheit wird die Entwick-

lung der Sexualität massiv gestört. Manche Kinder fallen deswegen durch ein altersunangemessenes Sexualverhalten auf. Sie zeigen dann nicht altersgemäße sexuelle Handlungen beim Spielen oder Erzählen, oft werden sogar erlebte Zwangshandlungen nachgespielt. Der Täter hat das Vertrauen des Kindes missbraucht und sich schamlos verhalten, deswegen ist die Schamgrenze des Kindes zerstört. Außerdem hat das Kind durch den Missbrauch früh gelernt, dass es Anerkennung erhält, wenn diese Handlungen passieren. Intuitiv weist es mit den Verhaltensauffälligkeiten auf die sexuelle Gewalterfahrung hin und bringt sie so an die Öffentlichkeit.

Christina, 33, die ich in Hamburg in der Selbsthilfegruppe FARO kennenlerne, erklärt mir das so: »Ich hatte als Erwachsene immer Probleme mit der Sexualität, vor allem mit Penetration, das wollte ich gar nicht. Aber auf der anderen Seite hatte ich auch ein Programm in mir, das genau diese Situation gesucht hat. Wenn ich abends mit meinen Freundinnen losging, war ich immer darauf aus, mir einen Typen zu angeln und irgendwo auf einem Klo mal eben 'ne Nummer abzuziehen. Ich musste mir das schwer, ganz schwer eingestehen, dass ich dieses Programm habe. Aber weil ich von klein auf so auf Sexualität getrimmt worden bin, hat sich das irgendwann verselbstständigt.«

Christina und die anderen Frauen in dieser Selbsthilfegruppe haben Unvorstellbares in der Kindheit durch ihre Eltern, Großeltern und Bekannte der Eltern durchlitten. Ich bewundere sie sehr für ihren Mut, ihre Erlebnisse in Worte zu fassen und sich dem Leben zu stellen, das ihnen so viel schwerer fällt als anderen, die diesen Horror nicht erleben mussten.

Was geschieht bei einer Traumatherapie?

Es gibt mehrere therapeutische Ansätze, wie ein Trauma behandelt werden kann. Viele Frauen haben jedoch zunächst Angst vor einer Therapie, weil sie nicht über das, was ihnen widerfahren ist, sprechen wollen und oft auch nicht können. Eine Traumatherapie berücksichtigt das – sie versucht, die Betroffenen auf das Sprechen vorzubereiten.

In einer ersten Phase dreht sich alles darum, wieder Kontrolle über die eigenen Gefühle zu bekommen und sich selbst zu stabilisieren. Die Betroffenen werden erst einmal darüber aufgeklärt, dass ihre Symptome »normale«, das heißt typische Reaktionen auf traumatische Erlebnisse sind. »Verrückt« ist nicht etwa das Opfer, sondern die Situation, die ihm widerfahren ist. Um sich von dem Geschehen distanzieren zu können, werden Techniken vermittelt, die helfen, eine akute Belastung, wie etwa ein Flashback, zu durchbrechen. Eine traumaspezifische Distanzübung ist zum Beispiel das Atemzählen. Hierbei zählt man immer neun Atemzüge, 9, 8, 7, 6 … und beginnt dann wieder von vorn.

Diese und ähnliche Techniken helfen, in einer konkreten Situation das traumatische Wiedererleben zu unterbrechen. Auch eine Achtsamkeitsübung eignet sich dazu, den Kontakt zur Gegenwart herzustellen und damit den Körper und Geist daran zu erinnern, dass die traumatische Situation vorbei ist. Wenn Distanz erreicht ist, geht man zu Beruhigungsübungen über. Diese Techniken können auch für eine anstehende Gerichtsverhandlung erlernt werden, um dem emotionalen Druck durch die Begegnung mit dem Täter und die Befragung im Gericht besser standzuhalten. Betroffene können zum Beispiel die Bewegungen des Anwalts zählen, um einen akuten Anfall von Übererregung zu durchbrechen, erklärt mir Michael Kopper. Dabei lenkt das Zählen vom Traumabild ab.

Erst wenn die Stabilisierungsphase abgeschlossen ist, kann mit der nächsten begonnen werden, der Verarbeitungsphase. In ihr soll der Kreislauf von Vermeiden, Verdrängen und Wiederbeleben durchbrochen werden, was zu innerer Beruhigung führt. Eine besonders erfolgreiche Methode in dieser Phase ist zum Beispiel EMDR, das sogenannte Eye Movement Desensitization and Reprocessing (Desensibilisierung und Verarbeitung durch Augenbewegung). Hierbei regt der Therapeut den Patienten nach Vorbereitung zu bestimmten Augenbewegungen an, wodurch es möglich wird, unverarbeitete traumatische Inhalte anders abzuspeichern und damit zu verarbeiten.

In der letzten Phase kommt es zur Neuorientierung, die in mehreren Zirkeln durchgeführt wird. Dieser Prozess wird im Körper so lange wiederholt, bis die Abstände der Wiederbelebungen immer größer werden und irgendwann nie mehr passieren. Wenn die Betroffene es geschafft hat, das traumatische Erlebnis zu verarbeiten, ist sie in der Lage, eine neue Perspektive einzunehmen. Sie ist kein Opfer mehr, sondern jetzt ein Gegner. Sie kann sich zur Wehr setzen, das gibt ihr Kraft und Selbstvertrauen. In dieser Phase sind Selbstverteidigungskurse oder Boxtraining sehr hilfreich. Auch sie stabilisieren die Persönlichkeit und manifestieren das neue Selbstbewusstsein.

Erfolgreich ist eine Traumatherapie, wenn sich die Betroffene an die Situation erinnern kann, ohne dass es zu den körperlichen Symptomen wie Stress und Panikattacken kommt und ohne dass das traumatische Geschehen mental wiedererlebt wird.

Selbsthilfe zur Selbstheilung

*»Ein betroffenes Kind muss im Schnitt acht
Erwachsene ansprechen, bis ihm endlich
jemand hilft.«*

Marion Horn, Chefredakteurin Bild am Sonntag

Viele Frauen in diesem Buch haben von großer Verzweiflung, Einsamkeit und psychischen Problemen berichtet.
Sicher geht es Ihnen, liebe Leser, so wie mir: Man wünscht
so sehr, dass jede Einzelne endlich Hilfe findet, Heilung
erfährt, Menschen um sich hat, die Verständnis aufbringen und einfach da sind. Nicht alle Betroffenen schaffen
es, sich in eine Therapie zu begeben – am Ende ist es eine
persönliche Entscheidung, wem man von den schlimmen Erfahrungen erzählen möchte und wem nicht. Aber
es ist ermutigend zu wissen, dass selbst Frauen, die unbe-
schreibliches Leid ertrugen, einen Weg aus der Verzweiflung gefunden haben.

Patricia, Pia, Christina, Sophie und Christine aus Hamburg treffen sich regelmäßig in der Selbsthilfegruppe
FARO und lassen dort alles raus, was Nicht-Betroffene
niemals begreifen werden. In diesem geschützten Rah-
men können sie die schlimmsten Situationen beschreiben,
die sie selbst mir bei meinem Besuch nicht zumuten wollten. Sie schreien, sie weinen, sie lachen sogar manchmal.
Sie teilen auch Scham und Schuldgefühle, die sie oft seit
vielen Jahren mit sich herumtragen, obwohl doch die Täter und oft genug auch Mitwisser Schuld und Scham ver-

spüren müssten. Nur dieser Austausch mit Leidensgenossinnen gibt ihnen die Kraft, »da draußen« zu bestehen, das Leben irgendwie zu meistern. Mit anderen Betroffenen reden kann eine sehr große Hilfe sein und ein Weg zu innerem Frieden.

Es gibt unterschiedliche Methoden, die man als Betroffene anwenden kann, um einer Spirale der Angst und Selbstzerstörung zu entkommen. Einige davon möchte ich in diesem Kapitel benennen und dazu hilfreiche Ratschläge weitergeben, was Angehörige und Freunde tun können, um diesen Prozess bestmöglich zu unterstützen. Ganz sicher gibt es viele weitere Methoden, und nicht jede wird gleich gut bei jedem funktionieren. Ich kann Sie nur ermutigen, es auszuprobieren.

Jule, Inssa und Karolina haben so ihren Weg gefunden.

Inssa, 29 Jahre alt, hilft sich durch Schreiben

Inssa ist sehr stolz darauf, Selbstfürsorge gelernt zu haben. Sie geht heute achtsam mit sich selbst um. Inssa musste lernen, sich und ihren Körper wertzuschätzen und gut für ihn zu sorgen. Das beginnt damit, dass sie ausreichend schläft, genügend isst und trinkt. Sie nimmt sich auch bewusst kleine Auszeiten, macht einen Spaziergang an der frischen Luft und trifft sich mit Freunden. Das war nicht immer so.

2011 lernt Inssa einen Mann in einer Kneipe kennen. Er heißt Thomas und ist körperbehindert, der eine Arm ist ein Stumpf. Sie findet ihn nett, die beiden unterhalten sich den ganzen Abend, er hat viele interessante Dinge zu erzählen. Das fasziniert Inssa. Sie ist erst Anfang zwanzig und will eigentlich keine feste Beziehung, sie will das

Leben genießen und Zeit für sich haben. Aber schon bald lässt sie sich auf den Mann ein und beginnt eine Partnerschaft. Er hat jedoch etwas sehr Herrisches, das spürt Inssa ziemlich bald. Er manipuliert sie, setzt sie unter Druck, verlangt Aufmerksamkeit und nach kurzer Zeit auch immer härteren Sex. Wenn sie ablehnt, zum Beispiel keinen Analverkehr will, sagt er: »Du bist so prüde, du bist wie alle anderen Frauen, du bist nicht die Richtige für mich.« Tag für Tag wertet er Inssa ab. Sosehr sie sich dagegen wehrt, sie verliert immer mehr den Blick für das, was sie eigentlich selbst will. Irgendwann macht sie Schluss mit Thomas, geht jedoch noch zweimal zu ihm zurück. Als sie schließlich ihre Schlüssel zurückfordert, bringt er diese bei ihr vorbei. Sie trifft sich vor der Tür mit ihm, er will aber noch in ihre Wohnung mitkommen. Sie zögert, weil sie den Ex-Freund nicht in ihrer Nähe haben will. »Ich will nur mit dir reden«, versichert er ruhig. Sie möchte fair sein und lässt ihn rein, »reden« klingt vernünftig. Doch sobald sie die Haustür hinter sich geschlossen hat, packt er sie brutal und fängt an, sie gegen ihren Willen zu küssen. »Du hast mir mein Herz gebrochen, jetzt breche ich dir deins«, sagt er immer wieder. Inssa schreit, weint, doch er lässt nicht von ihr ab. Dann vergewaltigt Thomas sie, er sagt fürchterliche Dinge und tut fürchterliche Dinge. Er führt sogar seinen Armstumpf in sie ein. Sie ist verängstigt, kann kaum atmen. Er schüchtert sie dermaßen ein, dass sie ihn um Gnade anfleht und ihm verspricht: »Wenn du mich in Ruhe lässt, gehe ich auch nicht zur Polizei.«

Danach geht sie zu ihrem Hausarzt und erzählt ihm alles, was vorgefallen ist. Sie erzählt auch, wie sehr ihr Ex-Freund sie zuvor drangsaliert und ständig bedroht hat. Der Arzt rät ihr, zur Polizei zu gehen, doch sie lehnt ab. Er verschreibt ihr Antidepressiva und rät ihr, Selbstfürsorge zu beherzigen.

Erst einmal tut sie genau das Gegenteil. Um den Ex-Freund und alles, was er getan hat, zu vergessen, schläft sie mit unzähligen Männern. Bald jedoch erkennt sie, dass all das nur eine Form von Kompensation ist, die ihr auf Dauer nicht guttut. Sie muss eine andere Lösung finden, um die Erlebnisse zu verarbeiten.

Inssa schreibt ihre vergangenen Erlebnisse auf und spricht mit Freundinnen darüber. Das Schreiben, das Reden tut gut und auch das Zuhören. Sie liest die Aufzeichnungen immer wieder durch, es hilft ihr, alles schwarz auf weiß vor sich zu sehen. Irgendwann begreift Inssa, dass sie eine bessere Beziehung verdient hat. »Du musst Mitgefühl für dich selbst entwickeln, du musst für dich selbst da sein. Und du darfst das nicht kleinreden«, sagt Inssa sich immer wieder. Sie dekoriert ihre Wohnung, stellt Kerzen im Badezimmer auf, hört schöne Musik, während sie in der Wanne liegt. Was für andere normal ist, musste Inssa bewusst lernen. Sie spürt nun, dass sie nicht anderen gefallen muss, sondern nur sich selbst. Sie hat das Gefühl, sich selbst zurückerobert zu haben.

Karolina, 48 Jahre alt, findet im Frauenhaus Freundinnen und Zuversicht

Karolina ist zwei Jahre alt, als ihre Mutter stirbt. Nach ihrem Tod lebt sie allein mit ihrem Vater. Er ist Alkoholiker und holt sie nachts zu sich ins Bett. Wann genau er sich das erste Mal an ihr vergeht, daran erinnert sich Karolina nicht mehr. Sie ist noch ein sehr kleines Mädchen, und es wird über Jahre so gehen. Ihre älteren Geschwister wohnen nicht mehr zu Hause. Mit elf Jahren erzählt Karolina ihnen von den Dingen, die der Vater mit ihr macht. Die Geschwister sind geschockt und sorgen dafür, dass sie nicht länger bei ihm leben muss. So kommt Karolina in ein Waisenhaus.

Ihre Jugend ist nicht einfach, sie versucht Halt zu finden, aber es ist schwer für sie. Ständig ist sie auf der Suche nach einer Ersatz-Vaterfigur. Schon mit 18 heiratet sie. Im Alter von 20 Jahren widerfährt ihr ein schreckliches Erlebnis. Sie lernt einen viel älteren Mann kennen. Bei einem gemeinsamen Spaziergang packt der Mann sie, zerrt sie ins Gebüsch und hält ihr ein Messer an die Kehle. Sie weiß in diesem Augenblick, dass es wieder passiert. Sie wehrt sich nicht, als er sie vergewaltigt. Sie ist erstarrt, fühlt sich hinterher mies und schmutzig, die Strumpfhose ist voller Löcher. Keinem Menschen erzählt sie von der Vergewaltigung, sie kann es nicht. In ihr verstärkt sich das Gefühl, als zöge sie gewalttätige Männer an wie Magneten.

Karolina wird bei dieser Vergewaltigung schwanger. Sie bekommt ein Mädchen, ihrem Mann sagt sie nicht, dass es nicht von ihm ist. Die Partnerschaft ist schon lange nicht mehr liebevoll, er trifft andere Frauen, und immer öfter wird er ihr gegenüber sehr grob. Als er sie wieder einmal verprügelt, sagt sie sich, dass jetzt Schluss sein muss. Sie flüchtet mit ihrem Kind in ein Frauenhaus. Als sie die Scheidung einreicht, wird ihr Mann rasend vor Wut. Jahrelang verfolgt er sie, schreibt ihr böse Briefe, fängt die Tochter später vor der Schule ab. Zur Polizei geht sie nicht, was sie heute sehr bereut. Karolina hat sich vorgenommen, es allein zu schaffen mit ihrem Kind. Im Frauenhaus sammelt sie Kraft, schließt dort mit anderen Frauen Freundschaften, die bis heute halten. Sie sucht sich eine Arbeit, eine Wohnung und macht den Führerschein. Sie möchte nie wieder abhängig sein, will ihr Leben endlich selbst bestimmen und mit ihrer Tochter Ausflüge in die Umgebung unternehmen.

Eines Tages lernt Karolina ihren jetzigen Ehemann kennen, mit dem sie nun seit zwanzig Jahren zusammen ist. Für Karolina ist er »der Mann fürs Leben«. Er kennt ihre Geschichte, die mit ihrem Ex-Mann und auch die mit ihrem Vater. Sie hat immer wieder Albträume, wird heimgesucht von den furchtbaren Erinnerungen ihrer Kindheit und Jugend. Wenn sie ihrem Mann nach solchen Nächten davon erzählt, zeigt er Verständnis. Es ist nicht immer leicht für ihn, das alles auszuhalten, aber er lässt sich davon nicht in die Flucht schlagen. Karolinas Mann hat Liebe und Fürsorge in seinem Elternhaus erlebt, die kann er jetzt ihr schenken, wenn sie es braucht.

Der Schritt, in ein Frauenhaus zu gehen, hat bei Karolina die Wende gebracht. Durch sehr innige und verlässliche Freundschaften, die sie dort schließt, ist es ihr gelungen, das zerstörerische Muster zu durchbrechen. Ihr Vertrauen in andere ist so gestärkt, dass sie heute lieben kann und es zulässt, geliebt zu werden.

Jule, ein Brief an die Mutter

Jule, die wir in Kapitel 8 kennengelernt haben, schlägt einen anderen Weg ein, um wieder gesund zu werden. Sie hat ihren Stiefvater angezeigt, er ist zu sechs Jahren Gefängnis verurteilt worden. Obwohl die Urteilsbegründung mit all den mildernden Umständen für den Täter sie noch heute verstört, bedeutet das Urteil für Jule einen wichtigen Schritt hin zur Verarbeitung, auch wenn es noch ein langer Weg ist. Eine Liebesbeziehung zu einem Partner ist für sie nach wie vor undenkbar – und noch etwas lastet auf ihrer Seele. Ihre Mutter hat ihr damals nicht geholfen. Jule ist sicher, dass sie mitbekommen hat, wie ihre Tochter vom Stiefvater missbraucht wurde, aber sie hat ihr Kind nicht geschützt. Warum hat sie das nicht getan? Diese Frage beschäftigt Jule jahrelang.

Siebzehn Jahre später schreibt Jule schließlich einen Brief an ihre Mutter, auch wenn sie weiß, dass sie ihn nie abschicken wird. Ihre Therapeutin hat ihr diesen Rat gegeben, denn alles, was im Kopf wie ein Strudel umherkreist, darf raus. Alles, was man loswerden will, ist dann einmal formuliert, und was man schwarz auf weiß geschrieben sieht, kann man besser verstehen. Danach ist das Abschicken gar nicht mehr wichtig. Wer in eigenen Worten beschreibt, was er durchlitten hat, welche Gefühle, welche Wut, welche Fragen er stellen möchte, erlebt danach oft ein Gefühl der Erleichterung. Dann sind die Dinge klarer, und es fällt leichter, mehr und mehr in sich hineinzuhorchen.

Jule schreibt die folgenden Zeilen an ihre Mutter.

Hallo Barbara,
ich weiß nicht, wie ich anfangen soll, diesen Brief zu schreiben. Ich weiß, dass du diesen Brief nie erhalten und lesen wirst, aber irgendwie muss ich so viel loswerden.
Ich will noch nicht einmal wissen, wie es dir geht, ganz im Gegenteil, ich hoffe, nein ich wünsche mir, dass es dir schlecht geht. Schlecht, weil es dir anscheinend egal ist, was mit uns, deinen Kindern, passiert ist. Schlecht, weil du uns nicht beschützt hast.

Ich will wissen, warum.

*Warum hast du uns nicht beschützt? Warum hast du
zugelassen, dass ER mich vergewaltigen konnte?*

*Warum lebst du immer noch mit diesem Schwerverbre-
cher zusammen?*

*Warum hast du zugelassen, dass mein Leben zerstört
wurde?*

*Neben den Fragen existieren auch noch Schmerz und
Wut in mir. Leider weiß ich nicht, wohin mit all der Wut,
außer sie ab und zu gegen mich selbst zu richten.*

*Durch diesen Schwerverbrecher wurde mir meine
Kindheit geraubt, und jetzt versuche ich zumindest ein
bisschen Kindheit in mir aufleben zu lassen.*

*Ich habe ganz oft das Gefühl, dass ich immer noch ge-
fangen bin. Aus Angst, nicht fliehen zu können, schließe
ich meine Türen nicht ab. Ich will aus dem »Gefängnis«
ausbrechen, doch ich weiß nicht, wie ich das machen soll.
Jede Nacht liege ich wach mit der Angst, ER holt mich.*

*Damit du mal erfährst, was ich für Schmerzen erlebt
habe, habe ich mir gedacht, dir eine typische Situation
aufzuschreiben.*

*Es ist Nacht. Eigentlich sollte ich schlafen, doch es geht
nicht, weil ich weiß, dass ER mich gleich holt. Er holt
mich, um mit mir auf den Dachboden zu gehen. Auf dem
Weg nach oben muss ich ganz leise sein, damit ich niemanden aufwecke. Oben angekommen, muss ich mich
ausziehen. Ich will das nicht. Sein Ton wird strenger.*

*Also ziehe ich mich aus. Dann lege ich mich auf eine alte
Matratze. Überall zieht es kalt, und es stinkt. Ich zittere
am gesamten Körper.*

Liege ich, bindet er mich an den Armen und Beinen fest.

Damit ich leise bleibe, klebt er mir den Mund zu, und die Augen verbindet er mir auch noch. Ich spüre seine Hände auf meinem Körper. Ich habe Angst, Angst vor den Schmerzen, die ich haben werde. Ich kann mich nicht wegzappeln. Ich möchte schreien, aber das geht nicht.

Er nimmt einen Finger und steckt ihn rein, es brennt und schmerzt. Immer wieder rein und raus. Irgendwann kommt er mit dem zweiten Finger dazu. Ich weiß nicht, wie lange das geht. Für mich zu lange. Nach einer Ewigkeit lässt er kurz von mir ab. Doch wirklich nur kurz, jetzt habe ich definitiv keine Chance mehr. Er legt sich auf mich und dringt in mich ein. Ein paarmal »sticht« er zu.

Kurz bevor er kommt, lässt er von mir ab – seinen Samen verteilt er auf meinem ganzen Körper. Nachdem er damit fertig ist, streichelt er mich wieder.

Mir laufen die Tränen, ich möchte ins Bett. Er bindet mich los. Endlich darf ich mich wieder anziehen.

Wir gehen zurück in die Wohnung. Ich möchte ins Badezimmer, um mich zu säubern, doch er schickt mich so schmutzig, wie ich bin, ins Zimmer und schließt von außen ab. Ich liege lange wach im Bett und weine. Ich rede mit meinem Elefanten, denn bei ihm, weiß ich, bleibt mein Geheimnis sicher.

Na, wie war es, das zu lesen?

…

Als ich die Hölle verlassen habe, habe ich es zumindest geschafft, mich selbst zu beschützen. Vorbei waren die Qualen, keine Prügel mehr, vor allem keine Vergewaltigungen mehr. Und obwohl ich all diese Qualen körperlich nicht mehr erleben musste, war ich trotzdem

165

nicht frei. Denn seelisch erlebe ich die Qualen noch heute, und das nach mittlerweile siebzehn Jahren körperlicher Freiheit.

Kannst du dir vorstellen, wie es mir geht?

Ich schlafe nur durch Medikamente ein, ohne diese Medikamente schlafe ich vielleicht gerade mal zwei Stunden pro Nacht, und das noch nicht mal am Stück.

Ich habe immer mal wieder das Gefühl, dass ER in meiner Nähe ist und ich dann doppelt, dreifach, auf jeden Fall noch mehr leiden muss als früher.

Ab und zu schaffe ich es, alles auszublenden und zu wissen, dass ich jetzt in Freiheit bin, doch leider ist dies nicht immer möglich. An ganz schlimmen Tagen, in ganz schlimmen Nächten geht es so weit, dass ich mich kaputt kratze …

Ich war ein Kind, welches geliebt werden wollte, welches getröstet werden wollte, doch stattdessen wurde ich gedemütigt, verprügelt, vergewaltigt.

Du hast mich im Stich gelassen in Zeiten, wo ich dich gebraucht hätte. Ich hätte deine Unterstützung gebraucht.

Ich hätte dich gebraucht, als ich ausbrechen wollte, als ich allen möglichen Personen meine Höllengeschichte erzählte. Aber nein, du hast IHM geglaubt und nicht mir.

Kannst du dir vorstellen, wie schlimm es für mich war, euch, »meine« Familie, zu verlassen? Ich habe euch im Stich lassen müssen, nur um frei zu sein. Es tat sehr weh.

Heute weiß ich, es war richtig, denn nur so konnte ich meinen Weg finden und gehen. Nicht nur, dass ich es geschafft habe, was aus mir zu machen, ich habe mir auch etwas aufgebaut, und darauf bin ich sehr stolz. Ich habe gelernt, für mich zu sorgen und auf mich zu achten.

Jule schreibt Wort für Wort. Als sie anfängt, kommen die Zeilen von ganz allein. Es fühlt sich gut an, alles rauszulassen und keine Rücksicht nehmen zu müssen. Als sie auf den fertigen Brief blickt, überkommt sie ein Gefühl der Erleichterung. Jule ist stolz darauf, ihre Gefühle und Gedanken formuliert zu haben! Sie hatte sich wie viele Frauen, die Ähnliches durchgemacht haben, zurückgezogen, sich eingeigelt, sich immer einsamer gefühlt. Jetzt ist es ihr gelungen, die Gefühle gegenüber der Mutter zum Ausdruck zu bringen. Sie hat es geschafft, das Unfassbare und eigentlich Unsagbare doch in Worte zu fassen.

Und plötzlich bemerkt sie, dass sich etwas verändert. Vielleicht ist es ihr nun möglich, auch anderen Menschen von ihrer Geschichte zu erzählen. Deswegen schreibt sie mir eine E-Mail und gibt mir die Erlaubnis, ihre Geschichte zu veröffentlichen.

Schreiben als Therapie

Wenn im Kopf alles durcheinandergeht und sich die Gedanken wieder und wieder im Kreis drehen, findet man selten zu einer Lösung. Egal, wie das Problem beschaffen ist, meist verharrt man bei den immer gleichen Gedanken und ist irgendwann nur noch verzweifelt. Um sich aus dieser Spirale zu befreien, kann es sinnvoll sein, alles aufzuschreiben. Das muss nicht geordnet passieren, die Gedanken müssen nur auf einem Stück Papier festgehalten werden. Und es ist wichtig, nicht allein die äußeren Umstände zu schildern, sondern auch die eigenen Gefühle zuzulassen und aufzuschreiben. Die Ängste, die Wut, die Mutlosigkeit, die Verzagtheit. Den Schmerz. Alles soll raus. Und plötzlich steht da schwarz auf weiß, was man wirklich durchgemacht hat. Viele Betroffene finden auf diese Weise zum ersten Mal heraus, was sie seit Jahren belastet, und auch, wie das Leben in Zukunft aussehen könnte.

Durch das Aufschreiben gewinnen Betroffene Abstand, das Festgehaltene kann wieder und wieder durchgelesen und eine neue Perspektive auf das unfassbare Geschehen von damals entwickelt werden. Auch kann es hilfreich sein, einen sexuellen Übergriff oder eine Vergewaltigung aus einem anderen Blickwinkel niederzuschreiben, die Sichtweise einer fremden Person oder auch eines Baums einzunehmen, der in der Nähe des Tatorts stand. Das Schreiben hat so eine heilsame, therapeutische Wirkung.

Begründet wurde das Schreiben als Therapieform in den Achtzigerjahren von dem US-amerikanischen Psychologen James Pennebaker. Er hatte Tagebücher mit zum Teil verstörenden Erlebnissen gelesen, und in diesen Aufzeichnungen bemerkte er, wie das Aufschreiben offenbar die Seele entlastet hatte. Das wollte Pennebaker nun genauer erforschen und bat fünfzig Studenten, die Tragisches wie den Verlust eines geliebten Menschen, Missbrauch oder schwere Unfälle erlebt hatten, ihre Geschichte aufzuschreiben. Er bat sie, dabei nicht nur das Geschehen selbst zu notieren, sondern fünfzehn Minuten lang auch ihren tiefsten Gefühlen nachzugehen. Für die Versuchsteilnehmer war dies eine intensive Erfahrung, einige verließen weinend den Raum, schrieben aber am nächsten Tag weiter ihre Erlebnisse auf.

Erstaunlich war, was in der Folge geschah: Den Studenten ging es danach gesundheitlich besser, sie waren psychisch weniger belastet und sogar widerstandsfähiger gegen Erkältungskrankheiten. Bei den Teilnehmern einer Kontrollgruppe, die nur Belangloses zu Papier bringen sollten, gab es keinen solchen Effekt. Seitdem haben viele weitere Studien bestätigt, was Pennebaker nachwies: Schreiben entlastet die Seele und hilft bei der Verarbeitung traumatischer Erlebnisse. Pennebaker entwickelte in der Folge das sogenannte Expressive Schreiben als eine Technik zur Selbsthilfe gegen depressive Stimmungen und posttraumatische Belastungsstörungen.

In der Literatur gibt es einige Beispiele für das Schreiben als Hilfsmittel zur Verarbeitung tragischer Lebensumstände, etwa das »Tagebuch der Anne Frank« oder der »Brief an den Vater« von Franz Kafka.

Selbsthilfegruppen

Viele Betroffene fühlen sich sehr allein mit ihren schrecklichen Erlebnissen, Erinnerungen und körperlichen Symptomen. Sie igeln sich ein, isolieren sich mehr und mehr und erfahren leider tatsächlich manches Mal Ablehnung, wenn sie anderen von ihrem Schicksal erzählen. Frauen und Mädchen, die sexuelle Gewalt erleben, werden oft beschuldigt, eine Mitschuld an den Vorfällen zu haben, oder man verunglimpft sie als Lügnerinnen.

In einer Selbsthilfegruppe können sich Betroffene austauschen und bestärken. Sorgen und Ängste können offen angesprochen werden, Ratschläge und Verständnis kommen von Menschen, die ein ähnliches Schicksal teilen. Die Taten können ohne Filter erzählt werden, weil alle anderen ebenfalls Erlebnisse dieser Art haben. Das stärkt das Selbstbewusstsein und hilft, einen positiven Umgang mit der Situation zu entwickeln. Auch wird durch andere Betroffene oft erst erkannt, dass die körperlichen Beschwerden von dem traumatischen Erlebnis herrühren.

Im Netz finden Sie Selbsthilfegruppen in Ihrer Nähe. Die Seite des Vereins »Frauen gegen Gewalt« (siehe Anhang) bietet eine Suchfunktion an und viele weitere Informationen für Betroffene und ihre Angehörigen.

Schutz durch Bindung

Eine liebevolle Beziehung zu den Eltern stärkt Kinder für ihr ganzes Leben. Wenn diese Beziehung von Gewalt und Lieblosigkeit geprägt ist, hat das große Auswirkungen sowohl auf die psychische Gesundheit der Kinder als auch auf ihr Denken. »So ziemlich alles, was wir in Beziehungen erleben, schlägt sich unmittelbar in unserer Gehirnstruktur nieder«, sagt Hans-Otto Thomashoff, Psychiater und wissenschaftlicher Beirat der Sinnstiftung des Neurobiologen. Wie sehr Bindung im Gehirn wirkt, zeigt sich besonders in Beziehungen, die auf den ersten Blick unverständlich scheinen. Das sogenannte Stockholm-Syndrom, benannt nach einem spektakulären Banküberfall mit Geiselnahme im Jahr 1973, beschreibt ein oft wiederkehrendes Muster: Die Opfer entwickeln Sympathie, sogar Zuneigung für die brutalen, bewaffneten Geiselnehmer, die sie mit dem Tod bedrohen. Thomashoff erklärt das so: »Gerade in der Angst suchen wir die Nähe von anderen. Und wenn der andere offensichtlich mächtig ist, weil er eine Waffe in der Hand hat, kann der Verstand noch so sehr rebellieren, das Gefühl drängt uns zu ihm hin.« Die gleiche Reaktion ist zu beobachten bei Kindern, die von ihren Eltern geschlagen werden. Durch die angstbesetzte

Atmosphäre in der Familie möchten sie gerade von dem gewalttätigen Elternteil so sehr geliebt werden. Nähe bietet einen Überlebensvorteil. Das ist auch bei der Tsunami-Katastrophe Weihnachten 2004 zu beobachten. Eine riesige Wasserwelle verwüstet die Küsten Asiens, 230 000 Menschen kommen dabei ums Leben. Viele der Überlebenden sind danach traumatisiert, diejenigen jedoch, die eng in ihre Dorfgemeinschaft eingebunden sind, überwinden das Trauma am besten. Nähe und Bindung sind die wirksamsten Gegenmittel, um die Folgen der Katastrophe zu verarbeiten. Auf die Erlebniswelt eines Kindes übertragen, sind es die Elternliebe und Fürsorge, die dazu beitragen, dass Schmerzen oder negative Erfahrungen weniger schlimme Auswirkungen haben. In dem Moment, in dem das Kind die Nähe der Mutter spürt und sich sicher weiß, schüttet das Gehirn Endorphine aus, körpereigene Opiate, die schmerzlindernd wirken.

Beide Aspekte von Bindung und Nähe treffen auch auf Frauen zu, die von ihren Beziehungspartnern häusliche Gewalt erfahren. In den oben beschriebenen Fällen haben Karolina und Inssa gezielt Bindungen aufgebaut zu anderen Betroffenen und zu Freunden und dies als entscheidende Wende erlebt. Der Austausch mit ihnen, die gegenseitige Fürsorge und die gemeinsam verbrachte schöne Zeit stärkt sie, sodass sie sich heute selbst akzeptieren und aus der Spirale der Selbstzerstörung befreien können.

Erste-Hilfe-Kasten

Stabilisierungsübung »5-4-3-2-1-Übung« nach Yvonne Dolan:

Diese Stabilisierungstechnik wurde speziell für von sexuellem Missbrauch Betroffene entwickelt und wird von zahlreichen Beratungsstellen zur Selbsthilfe empfohlen. Sie wirkt bei vielen Betroffenen sehr gut gegen Panikattacken, Albträume und Flashbacks, als Einschlafhilfe, um quälende Gedanken loszulassen, und zur Entspannung im Allgemeinen.

Nehmen Sie sich einen Moment Zeit, und machen Sie es sich bequem. Beginnen Sie mit geöffneten Augen. Wenn sich Ihre Augen im Verlauf der Übung schließen möchten, geben Sie dem einfach nach.

Suchen Sie nun einen Punkt im Raum, und richten Sie Ihren Blick darauf. Benennen Sie nacheinander, laut oder in Gedanken, fünf Dinge, die Sie sehen (zum Beispiel: »Ich sehe einen Stuhl. Ich sehe ein Fenster ...«), dann fünf Dinge, die Sie hören (zum Beispiel: »Ich höre eine Autohupe«). Danach sagen Sie fünf Dinge auf, die Sie spüren (zum Beispiel: »Ich spüre meine Füße auf dem Boden«).

Danach benennen Sie jeweils vier Dinge, die Sie sehen, hören und spüren. Sie können dieselben Wahrnehmungen wie zuvor aufzählen oder neue. Auf diese Weise fahren Sie fort und benennen drei, zwei und schließlich jeweils eine Sache, die Sie sehen, hören, spüren. Wenn Sie sich während der Übung räkeln oder bewegen möchten, tun Sie das. Alles, was Ihrem Wohlbefinden nutzt, ist erlaubt. Es gibt bei dieser Übung kein richtig oder falsch.

Sie können die Übung nach einem Durchlauf beenden, oder Sie beginnen wieder von vorn. Es macht nichts, wenn Sie immer wieder dieselben Dinge benennen, alles, was Sie gerade wahrnehmen, ist in Ordnung. Wenn Sie sich während der Übung plötzlich fragen, bei welcher Zahl Sie stehen geblieben sind, oder Ihre Gedanken abschweifen, dann machen Sie einfach bei einer Zahl weiter, die Ihnen angenehm ist.

Sie können Elemente der Übung in jeder alltäglichen Situation anwenden, selbst wenn Sie nur wenig Zeit haben. Auch die kleinste, bewusst empfundene Sinneswahrnehmung bringt Sie augenblicklich in die Gegenwart und kann Sie dabei unterstützen, sich zu entspannen.

So können sich Angehörige und Freunde verhalten

Es gibt nicht die eine Verhaltensregel für Angehörige von Missbrauchsopfern, denn jede Frau und jedes Kind, die sexuelle Gewalt erlitten haben, verarbeiten das Erlebte auf ihre Weise. Bezugspersonen sind oft überfordert und ratlos, wie sie sich verhalten sollen. Soll ich Fragen stellen oder die Betroffene in Ruhe lassen mit dem Thema? Soll ich auf eine Therapie drängen oder sie selbst entscheiden lassen? Und was ist zu tun, wenn Sie sich Sorgen machen, weil die Betroffene schwere Symptome zeigt wie Selbstverletzungen oder Magersucht?

Diese Tipps können beim Umgang mit betroffenen Kindern hilfreich sein:

- Glauben Sie dem Kind, und lassen Sie es nicht mit dem Täter allein!
- Bleiben Sie ruhig. Eine extrem entsetzte Reaktion kann das Kind beunruhigen. Es wird dann vielleicht nicht mehr offen erzählen.
- Lassen Sie es erzählen, aber fragen Sie es nicht gegen seinen Willen aus.
- Machen Sie deutlich, dass der Täter das nicht hätte tun dürfen und dass das Kind keine Schuld trifft.
- Bestärken Sie das Kind. Sagen Sie, dass es sehr mutig war und richtig gehandelt hat, indem es Ihnen von der Tat erzählt hat.
- Vertrauen Sie sich jemandem an. Wenden Sie sich gemeinsam an eine Beratungsstelle in Ihrer Region, und sprechen Sie die Möglichkeiten durch, zur Polizei zu gehen oder das Jugendamt zu informieren.

- Sprechen Sie weitere Schritte auf jeden Fall mit dem Kind ab. Erklären Sie dem Kind, wenn nötig, warum ein solcher Schritt wichtig ist.
- Das Kind sollte anschließend in psychologische Behandlung kommen. Nicht immer ist eine Traumatherapie nötig, aber ein Therapeut sollte mögliche Folgeschäden abklären.

Im Umgang mit erwachsenen Betroffenen:

- Akzeptieren Sie, wenn die Betroffene nicht (mit Ihnen) darüber sprechen will, aber bieten Sie jederzeit Gesprächsbereitschaft an.
- Zeigen Sie Verständnis, und zweifeln Sie die Aussagen nicht an.
- Bestärken Sie sie darin, ihren eigenen Entscheidungen und dem »Bauchgefühl« zu vertrauen.
- Ermutigen Sie sie, Hilfe anzunehmen, zum Beispiel von einer Beratungsstelle, einer Ärztin oder eventuell einem Frauenhaus.

Wenn Sie einen Verdacht haben, dass ein Kind oder eine Person in Ihrem Umfeld sexuelle Gewalt erlebt, vertrauen Sie Ihrem Gefühl. Die folgenden Ratschläge gibt das »Hilfeportal Sexueller Missbrauch« in Zusammenarbeit mit dem Familienministerium:

- Suchen Sie sich eine Vertrauensperson, mit der Sie sich austauschen können. Aber streuen Sie keine Gerüchte, denn dann besteht die Gefahr, sich wegen übler Nachrede, Verleumdung oder falscher Verdächtigung strafbar zu machen.

- Signalisieren Sie dem Betroffenen Gesprächsbereitschaft.
- Sagen Sie, dass Sie sich Sorgen machen, da Ihnen Veränderungen aufgefallen sind.
- Drängen Sie Betroffene nicht zu Aussagen, denn Druck macht womöglich auch der Täter oder die Täterin.
- In beruflichen Zusammenhängen kann es wichtig sein, die Leitung zu informieren. Sprechen Sie das zuerst mit der Betroffenen ab.
- Auch wenn es schwerfällt: Bleiben Sie ruhig. Denn starke emotionale Reaktionen können dazu führen, dass das Kind oder die Betroffene Sie schonen möchte und dann nichts mehr sagt.
- Geben Sie dem Kind oder Jugendlichen die ausdrückliche Erlaubnis, über »schlechte Geheimnisse« zu sprechen. Vermitteln Sie, dass Hilfe holen kein Petzen und kein Verrat ist und dass Sie ihm glauben.
- Vermitteln Sie, dass Sie über belastende Themen Bescheid wissen und belastbar sind.
- Versprechen Sie nicht, dass Sie alles für sich behalten werden, sonst können Sie keine Intervention ermöglichen, ohne Ihr Wort zu brechen.
- Fragen Sie nie den möglichen Täter oder die mögliche Täterin!

Schlussplädoyer

*»Ich möchte, dass alle Mädchen, die hier zusehen
wissen, dass da ein neuer Tag am Horizont ist!«*

Oprah Winfrey, Golden Globes 2018

Sie haben jetzt sehr viel Erschütterndes gelesen, und all
das, was Sophie, Patricia, Jule, Sarah, Linda und alle die
anderen Frauen erlebt haben und überleben müssen, führt
zu der einen wichtigen Frage: Was können wir tun, damit
weniger Menschen Opfer von sexueller Gewalt werden?
Was können wir tun, damit sich Täter in Zukunft nicht
mehr so sicher sind, dass sie für ihre Taten nicht bestraft
werden? Was können wir tun, damit Kinder in ihren Familien, in Vereinen und Jugendfreizeiten besser geschützt
sind? Und damit sie sich trauen, über erlebtes Leid mit
Eltern, Lehrern oder Freunden zu sprechen? Was ist zu
tun, damit mehr Frauen sich trauen, den Täter anzuzeigen,
damit Gewalt in den eigenen vier Wänden genauso wie
in anderen Lebensbereichen schneller auffällt und konse-
quenter bestraft wird?

Als ich meine Recherchen zu diesem Thema begonnen
habe, lautete der Wunsch meiner Redaktion und der Aufruf der Polizei einstimmig: Das Ziel muss sein, dass mehr
Frauen eine Tat anzeigen! Das jedoch ist nicht das Ziel
meiner Arbeit – es wird automatisch passieren, wenn sich
zuerst viele andere Gegebenheiten ändern. In der Forde-

rung »Mehr Frauen sollen anzeigen« schwingt nämlich meist der Vorwurf mit, dass Betroffene etwas falsch gemacht haben, dass sie in der Vergangenheit zu selten angezeigt haben und deswegen selbst schuld sind, wenn sie kein Recht bekommen.

Doch Opfer entscheiden intuitiv und aus gutem Grund, was sie öffentlich machen wollen und was nicht. Wer befürchtet, dass er am Ende als Lügner dastehen wird, hält lieber den Mund. Die Welle der Solidarität rund um die #MeToo-Bewegung hat jedoch gezeigt, was passiert, wenn Betroffene darauf hoffen können, dass man ihnen glaubt. Es braucht sehr viel Mut, die Erste zu sein. Sobald das geschehen war, konnten andere sich trauen, auch ihre Geschichte zu erzählen. Doch den vielen Frauen, die still zu Hause leiden, ist damit noch nicht geholfen. Sie brauchen unser Mitgefühl und unsere Unterstützung. Wenn immer mehr Fakten bekannt werden und Opfern von Sexualdelikten dadurch mehr Verständnis und Respekt entgegengebracht wird, werden mehr Betroffene sich trauen zu reden – und in Zukunft die Tat bei der Polizei anzeigen.

Nicht nur bei der Polizei, nicht nur vor Gericht, auch in der medialen Berichterstattung und im Privaten geht es immer auch um Glaubwürdigkeit beim Thema Vergewaltigung. Wenn der Richter, Journalisten und alle anderen so objektiv wie möglich die Glaubwürdigkeit einer Aussage beurteilen wollen, müssen sie Zahlen und Fakten kennen: Nur vor diesem Hintergrund kann das Verhalten der Zeugen und Angeklagten eingeordnet werden. Und gerade hier hat es in den vergangenen Jahrzehnten ein großes Missverhältnis von Vorurteilen und tatsächlichem Geschehen gegeben.

Nach jedem öffentlichen Fall von Kindesmissbrauch in der Familie werden Sätze gesagt wie »Es sollte einen Führerschein zum Kinderkriegen geben«. Das ist natürlich Unsinn, niemand darf einem anderen das Recht absprechen, Kinder zu bekommen. Aber wir können dennoch einiges tun, um Kinder besser zu schützen. Wenn wir uns den Zustand der Schulen in Deutschland ansehen, dann wird sehr deutlich, worin zu wenig investiert wird: in das Wohl unserer Kinder! Baufällige Klassenräume, schlecht ausgestattete Schulen, viel zu wenig Lehrkräfte sind leider Alltag in unserem reichen Land. Einen Posten als Schulrektor zu übernehmen, macht man in Deutschland heute aus Idealismus. Deswegen sind Tausende Schulen ohne Leitung, und Schulleiter übernehmen oft mehrere Schulen. Ein Schulpsychologe in Vollzeit kommt in Berlin im Durchschnitt auf 5000 Schüler, in Sachsen auf über 15 000. Da bleibt den Fachkräften kaum Zeit, eine Auffälligkeit bei einem Kind überhaupt zu bemerken. Erinnern wir uns daran: In jedem Klassenraum sitzt im Durchschnitt ein Kind, das betroffen ist. Dieser Satz ist so erschütternd und unglaublich zugleich. Und dennoch beschreibt er eine Wahrheit, die wir nicht verdrängen dürfen – um nun zu handeln!

Selbstverständlich ist dies kein Aufruf, bei jedem verhaltensauffälligen Kind Missbrauch zu vermuten, das wäre schrecklich und könnte ebenfalls viel Schlimmes anrichten. Kinder sind unterschiedlich, manche sind laut, manche schüchtern, manche machen viel Blödsinn im Unterricht. Doch es ist ein Armutszeugnis, dass bei uns ein betroffenes Kind im Durchschnitt acht Erwachsene ansprechen muss, bevor ihm geholfen wird.

Was müssen wir also besser machen? Wir müssen achtsamer sein. Wir müssen hinsehen, unsere Hilfe anbieten. Wenn wir im Nachbarhaus etwas hören, das uns Sorgen macht, sollten wir klingeln und nachfragen. Wenn wir bei Kolleginnen und Freundinnen bemerken, dass sie seelische Last tragen, sollten wir Raum schaffen für ein offenes Gespräch. Wir dürfen nicht denken, »sich einmischen« wäre etwas Schlechtes. Wir müssen Schulen besser ausstatten und mehr Pädagogen einstellen, damit nicht ein zu großer Teil von ihnen ständig an der Erschöpfungsgrenze arbeitet. Denn sie »arbeiten« mit unseren Kindern! Und wir alle müssen mehr Verantwortung und Empathie aufbringen, wenn Dinge falsch laufen. Mit Aburteilen oder Wegsehen werden wir nichts verändern, nur mit Einmischen. Es ist das einzig Richtige, wenn es um das Wohl unserer Mitmenschen und das Wohl unserer Kinder geht.

Für Männer ist dieses Thema auf andere Weise schwer zu verdauen. Ich weiß, dass viele sich in Gruppenhaft genommen fühlen, wenn man von Übergriffen durch männliche Täter spricht. Doch die Sorge ist unbegründet! Die meisten Männer lieben nichts mehr, als wenn ihre Partnerin Freude bei der gemeinsamen Sexualität empfindet. Es ist ihnen so fremd, dass Sexualstraftäter die Integrität einer Frau verletzen, dass sie es für unglaublich halten. Deswegen liegt mir am Herzen zu betonen: Eure Empathie mit den Opfern ist bedeutsam! Solidarisiert Euch nicht mit den Tätern, sondern mit den Betroffenen.

Es hat sich sehr viel getan in unserer Gesellschaft in den letzten Monaten. Die Wahrnehmung des Themas sexuelle Gewalt ist heute bei Männern und Frauen eine andere.

Und doch sind noch Millionen Betroffene verzweifelt und allein mit ihrem furchtbaren Schicksal. Wir sind auf einem besseren Weg – unsere Mütter hatten, als sie jung waren, kaum eine Chance auf Hilfe oder Gerechtigkeit. Frauen brauchen die Zuversicht, dass sie nicht verunglimpft werden, wenn sie ihr Schicksal offenlegen. Mädchen und Jungen brauchen starke Mentoren, wenn sie Gewalt erfahren. Dann kann sich sehr viel zum Guten wenden.

Adressen

bff: Frauen gegen Gewalt e. V.
Bundesverband Frauenberatungsstellen und Frauennotrufe
Bundesweites Hilfetelefon (mit Dolmetscherinnen in
zahlreichen Sprachen):
T: 08000 116 016
Beratung, Soforthilfe und Informationen online:
https://www.frauen-gegen-gewalt.de/aktuelles.html
Bei Vergewaltigung:
https://www.frauen-gegen-gewalt.de/vergewaltigung.html

SOS-Stalking bietet Stalking-Hilfe und Stalking-Beratung in
ganz Deutschland an:
T: 0176 642 44 818 (Mo.–Fr. 10–18 Uhr)

Beratungsstelle gegen sexuelle Gewalt
T: 05341 15600
http://www.beratung-bei-sexueller-gewalt-sz.de/
vergewaltigungundsexuellenoetigung.htm

Frauenhauskoordinierung e. V.
Frauenhaussuche in Deutschland über die Internetseite:
http://www.frauenhauskoordinierung.de

Zartbitter e. V.
Kontakt- und Informationsstelle gegen sexuellen Missbrauch
an Mädchen und Jungen:
http://www.zartbitter.de/gegen_sexuellen_missbrauch/
Aktuell/901_impressum.php

www.frauennotruf.de
Internetseite des Frauennotrufs mit zahlreichen
Notrufnummern und Anlaufstellen in Krisensituationen:
http://www.frauennotruf.de/Frauen-Notruf.html

WEISSER RING
Gemeinnütziger Verein zur Unterstützung von
Kriminalitätsopfern und zur Verhütung von Straftaten e. V.
Opfer-Telefon 116 006
https://weisser-ring.de

Antidiskriminierungsstelle des Bundes (berät kostenlos
über Rechte und Ansprüche und vermittelt geeignete
Beratungsstellen)
T: **030 18555-1865** (Mo.–Fr. 9–12 und 13–15 Uhr)

No Loverboys e. V.
Kontakt über E-Mail: info@no-loverboys.de

El Faro Verein zur Hilfe und Unterstützung von Opfern
sexuellen Missbrauchs und Gewalt e. V., tätig in Hamburg
und Berlin
T: **040 209 822 56**
kontakt@elfaro.de

**Polizeiliche Kriminalprävention der Länder und
des Bundes**
https://www.polizei-beratung.de/themen-und-tipps/
gewalt/sexuelle-noetigung-vergewaltigung/

Frauenärzte im Netz
https://www.frauenaerzte-im-netz.de/de_gewalt-gegen-
frauen-was-tun-nach-vergewaltigung-_1211.html

Hilfetelefon. Gewalt gegen Frauen
https://www.hilfetelefon.de

Danksagung

Ich danke den vielen Betroffenen, die mir im Sommer 2016 so unverhofft ihre Geschichte geschrieben haben. Ich hatte nicht darum gebeten, aber nach meinem ersten Facebook-Post am 23. August 2016 zu diesem Thema ist es einfach passiert. Und als ich vor fast 500 Schicksalen saß, wusste ich, dass ich eine Aufgabe bekommen habe. Vor mir lag der Anlass für meine Sat.1-Reportage »Vergewaltigt – Warum so viele Frauen schweigen« und schließlich der Anlass für dieses Buch. Ich danke Euch Frauen von ganzem Herzen, dass Ihr mir Euer Vertrauen geschenkt habt.

Und ich danke Ihnen, liebe Leser, dass Sie mehr über dieses Thema wissen wollen, obwohl es so schwer zu verdauen ist.

Mein Dank geht auch an Cindy Witt, meine Lektorin vom Lübbe Verlag, die die Idee zu diesem Buch hatte und mich glücklicherweise überredete, es zu schreiben. Danke an Regina Carstensen für Recherche und Hilfe speziell im Kontakt mit Betroffenen und Angela Küpper für leidenschaftliches Lektorieren und Empathie dem Thema und mir gegenüber. Meinem Sat.1-Reportage-Team danke ich ebenfalls, denn vieles, was wir gemeinsam recherchiert haben, findet sich wieder in diesem Buch. Meine Kollegin Nadine Mierdorf hat mir einen Tag vor der Geburt ihrer Zwillinge noch wichtige Informationen gegeben. Das Telefonat mit ihr hat mich mit so viel Glück erfüllt, dass ich mit neuem Elan weiterarbeiten konnte. Eduard Wolter, unser Partner in Crime, Claus Strunz, Jürgen Meschede, Matthias Grau, Oliver Kornemann und Martin Spieker. Euch allen danke für das Vertrauen in mich und Euren Rückhalt.

Danke an Nicole Wilms und Debbie Salamon, meine Agentinnen, die mich immer bestärkt haben, wenn es zwischendurch schwierig wurde.

Ich danke von Herzen dem Richter Stefan Caspari, den ich auch spätabends in der Freizeit anrufen durfte, wenn ich noch eine Nachfrage zu juristischen Abläufen hatte. Genauso danke ich dem Traumatherapeuten Michael Kopper, dessen großes Wissen mir sehr geholfen hat, die unterschiedlichen Therapieformen für Betroffene so verständlich wie möglich zu beschreiben. Auch ihn habe ich das ein oder andere Mal kurz vor dem Kinobesuch abgefangen, und er hat sich Zeit genommen, mir zu helfen.

Mein besonderer Dank gilt vielen weiteren renommierten Experten, die an diesem Buch mitgewirkt haben: Prof. Borwin Bandelow, Daniel Borschel, Sandra Cegla, Kriminalhauptkommissarin Esther Papp, Pia Pfeiffer, Torsten Riekö, Alexander Stevens, Prof. Ullrich Sachse und Dr. Hans-Otto Thomashoff. Herzlichen Dank!

Und ich danke meinem Mann und meinen beiden Kindern, die Pizza geholt haben, wenn Mama nicht vom Schreiben loskam und jetzt ganz stolz mit mir sind. Welch ein Glück!

Quellen

Bandelow, Borwin: Wenn die Seele leidet. Psychische Erkrankungen: Ursachen & Therapien. Reinbek 2010
Dodd, Elizabeth H./Giuliano, Traci A./Boutell, Jori M./Moran, Brooke E.: Respected or Rejected: Perceptions of Women Who Confront Sexist Remarks. Sex Roles – A Journal of Research 2/218
Fuhljahn, Heide: Kalt erwischt. Wie ich mit Depressionen lebe und was mir hilft. Aktualisierte und erweiterte Neuausgabe. München 2016
Gresser, Ursula: Einflussnahme auf den Gutachter – aus Sicht der psychiatrischen Sachverständigen. Heidelberg 2016
Henning, Ann-Marlene: Liebespraxis. Eine Sexologin erzählt. Reinbek 2017
Hunfeld, Frauke: »Sexismus im Job? Kenne ich!« In: Stern, Heft 46/2017
Pfeiffer, Christian: Parallel Justice – warum brauchen wir eine Stärkung des Opfers in der Gesellschaft? In: Erich Marks und Wiebke Steffen (Hrsg.): Mehr Prävention – weniger Opfer. Ausgewählte Beiträge des 18. Deutschen Präventionstages am 22. und 23. April 2013 in Bielefeld. Godesberg 2014, S. 179–206
Posche, Ulrike: Macht und Muffensausen. In: Stern-Online 10.11.2017
Schwandner, Alex: Stärke zeigen. Wie man sich und andere vor Übergriffen schützt. Köln 2013

Sick, Helma/Schmidt, Renate: Ein Mann ist keine Alters-
vorsorge. München 2015
Simon, Jana/Wahba, Annabel: Im Zwielicht, Zeit-Maga-
zin 02/2018, 03.01.2018
Thomashoff, Hans-Otto: Das gelungene Ich. Die vier Säu-
len der Hirnforschung für ein erfülltes Leben. München 2017
Wüstenhagen, Claudia: Schreib dich frei. In: Zeit-Online
07.04.2016

Links

Beckmann, Talkshow ARD, vom 16.08.2013
Bundesministerium für Familie, Senioren, Frauen und
Jugend
https://www.bmfsfj.de

https://www.cambridge.org/core/journals/the-british-
journal-of-psychiatry

https://www.focus.de/kultur/vermischtes/
til-schweiger-diskussion-um-dieter-wedel-til-
schweiger-kritisiert-ulrich-tukur_id_8414452.html

http://strafverteidigung-steineck.de/ablauf-eines-
strafverfahrens

www.zum.de

www.lto.de/recht/hintergruende/h/studie-gutachten-
gericht-beeinflussung-wirtschaftliche-abhaenigigkeit

http://www.polizei-beratung.de/themen-und-tipps/
gewalt/sexuelle-noetigung-vergewaltigung/

http://www.no-loverboys.de

http://www.sueddeutsche.de/panorama/
vergewaltigung-die-wichtigsten-fakten-zu-sexueller-
gewalt-1.2937498

https://www.hilfeportal-missbrauch.de/startseite.html